青い目の人形大使と渋沢栄一

熊谷きよ

海鳥社

カバー写真・表＝青い目の人形を抱く渋沢栄一
（渋沢史料館所蔵）
裏＝福岡県に現存する3体の人形
（「みずま」第4集より）

私はシュリー

ハロー　日本のみなさん
こんにちは！

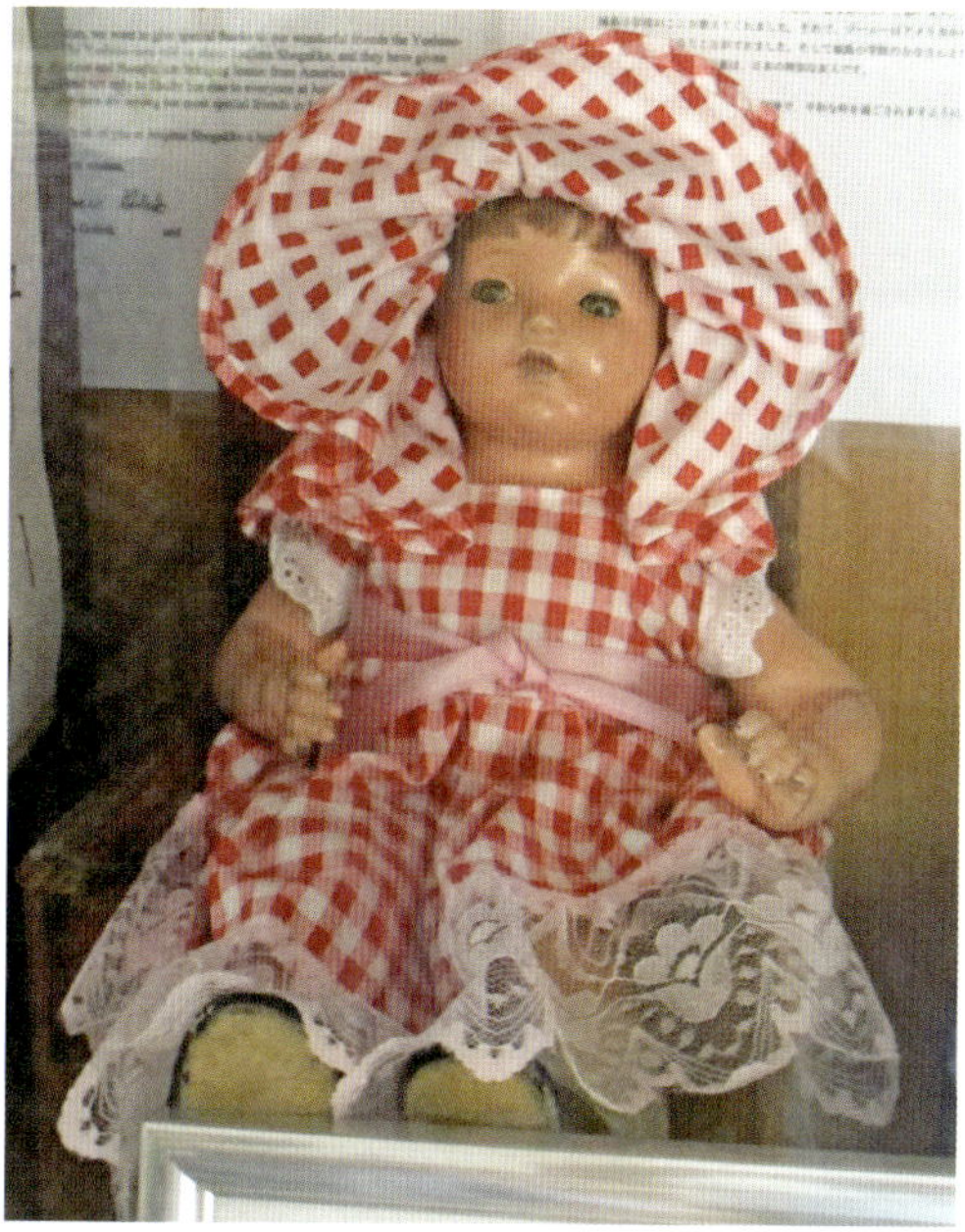

私は、アメリカのサンフランシスコから「サイベリア号」という船に乗って、はるばる日本にやって来た、六歳《さい》の女の子の人形です。

一万二〇〇〇体以上の仲間と一緒《いっしょ》に、アメリカと日本を仲よくするための、お使いにやってきました。一九二七年（昭和二年）のことです。

私たち人形を平和のお使いとして日本に送ったのは、宣教師《せんきょうし》のシドニー・ルイス・ギューリックさん。そして、私たちを喜《よろこ》んで迎《むか》えてくれた日本の代表は、八十六歳の渋沢《しぶさわ》栄一《えいいち》おじいちゃんでした。

私たちが日本の港・横浜《よこはま》に着いたのは三月のことでした。日本の「ひな祭り」に間に合うようにとやってきたのです。トランクには着替えの洋服や下着はもちろん、パスポートも持ってきています。

初めて見る日本は、何もかもが珍《めずら》しく、たくさんの日本のみなさん方が、手に手にアメリカと日本の旗《はた》を振《ふ》って迎《むか》えてくれました。

日本に着いてから私たちは、日本のどこの子どもたちと仲よしになるのかしらと、少し不安な気持ちもありましたが、こんなに喜んで迎えられて、とても嬉《うれ》しく楽しいことがいっぱいあるような気がしました。

私たちを平和のお使いとして日本に贈《おく》ったギューリックさんは、どんな人だったのか、また、私たちを喜んで迎えてくださった渋沢栄一おじいちゃんは、どんな人だったのでしょうか。

その後、私たちは思いがけない悲しい運命《うんめい》にあうことになりますが、どうぞ、最後まで私たちと一緒に歩いてください。

また、あとで、お会いしましょう。

これからは、シュリーちゃんに代わって、著者の私がお話させていただきます。

青い目の人形大使と渋沢栄一　もくじ

私はシュリー　3

日米友好に尽力した二人

海を渡った「青い目の人形」たち　12
シドニー・ギューリック博士のこと　17
人形を日本で迎えた渋沢栄一　23
渋沢とパリ万国博覧会　27
高松凌雲のこと　35
帰国後の渋沢栄一　43
渋沢栄一ゆかりの地を訪ねて　46

九州に残る青い目の人形

渋沢栄一と青い目の人形との出会い　58

盛大な歓迎式典　62
日本国際児童親善会　64
思いがけない悲しい運命　68
城島小学校のシュリーちゃんの場合　72
大隈小学校のペッギィちゃんの場合　77
可也小学校のルースちゃんの場合　81
大隈小学校のペッギィちゃんの今　89
シュリーちゃんのもとに来たジーニーちゃん　100
ルースちゃんに会いに糸島へ　104
若松中央小学校のハンナちゃん　111
生きられなかった人形　116
佐賀県で唯一生き残ったお人形　132
長崎県で生き残った青い目の人形大使　139
大分県の青い目の人形大使　142

熊本県の青い目の人形大使　153
宮崎県の青い目の人形大使　158
九州外で書き残したい青い目の人形大使　161
韓国の人形たちのその後　163
終わりのごあいさつ　168
参考文献　170
あとがき　172

日米友好に尽力した二人

——シドニー・ギューリックと渋沢栄一——

海を渡った「青い目の人形」たち

ギューリック博士《はくし》は、明治二十一年（一八八八年）に来日し、二十年以上、布教《ふきょう》や教育《きょういく》に携《たずさ》わった親日家《しんにちか》でした。ですから、日本の文化や風習《ふうしゅう》をよく知っている日本通《つう》の宣教師《せんきょうし》です。

昭和二年（一九二七年）三月三日、東京の明治神宮外苑《めいじじんぐうがいえん》の「日本青年館」で「人形歓迎式典《かんげいしきてん》」が行われました。贈られた人形を受け取る窓口となったのは、ギューリック博士と数年来の友人の渋沢栄一氏でした。彼は「日本資本主義《しほんしゅぎ》の父」と言われている実業家ですが、日米間の対立が激《はげ》しくなっているのを危惧《きぐ》し、その改善のために努力していました。

そんな折《おり》、民間の外交の力で和平に導《みちび》くというこの計画を、喜んで受け入れたのです。講堂《こうどう》には日米の国旗《こっき》が交差され、渋沢氏はもちろん、皇族《こうぞく》、外務省や文部省（現在の文部科学省）の役人、日本とアメリカの子どもたちの代表も集まって、盛大《せいだい》に歓迎式典が行われました。

日本の国旗の下には、段飾《だんかざ》りのひな人形が飾《かざ》られ、アメリカの旗の下には、贈られてきた青い目の人形がずらりと飾られています。ステージの左右から、かわいい両国の女の子たちが次々と出てきて並びました。

アメリカ代表の女の子が、真っ白な、天使のようなドレスを着てあいさつをしました。日本からは、着物姿の女の子が、

「アメリカのみなさま、かわいらしいお人形《にんぎょう》をたくさんいただきまして、ありがとうございます。これからわたしたちのだいじなお友だちとして、仲《なか》よくかわいがって、いつまでもみなさまのご親切を忘《わす》れないようにいたしましょう。日本の子どももみんなに代《か》わってお礼《れい》を申しあげます」

（渋沢秀雄著『渋沢栄一』より）

と、ニッコリと笑ってあいさつをすると、会場からドッと拍手《はくしゅ》が起こりました。

それからみんなで歌を唄って歓迎しました。

海のあちらの友だちの
まことの心のこもってる

かわいいかわいい人形さん
あなたをみんなで迎《むか》えます
海をはるばる渡りきて
ここまでお出《い》での人形さん
さびしいようにはいたしません
お国のつもりでいらっしゃい

子どもたちのあいさつの後、渋沢氏からのあいさつがありました。

「私《わたし》は男でありますから……三月三日のお節句《せっく》がきたからといって、別にうれしいこともございませんでした。しかるに八十年を経過《けいか》した今日《こんにち》、この雛祭《ひなまつ》りをみなさんともどもに特別にうれしく迎《むか》えて、まことに楽しくよろこばしく感じたのであります。

日本のことわざに、『三つ子《ご》の魂《たましい》百まで』ということがあります。わたしが自《みずか》ら申すのもおかしいのでありますが、わたしが十四才の時に、米国のペリーという人が日本へまいられましたが、この時が日本が米国と関係《かんけい》の生《しょう》じたそもそもの始《はじ》めであって、いまから申しますと七十五年前であります。わたしはほんの子どもではありましたが、子ども心に米国に対して深い感じを持ち、それからというものは米国と日本との親善《しんぜん》ということについて心配し、できるだけ力をつくしてまいったのであります。

今回の人形のことは、米国の人びとが、両国の親善《しんぜん》を増《ま》すのには子どものうちからやらねばならぬ、その方法として米国から人形を贈《おく》ろう。すれば両国の子どものあいだに親しみが生じ、よい感じを得るだろうというところから、はじまったのであります。

わたしは晩年になってから、ようやく雛祭《ひなまつ》りのうれしさを感じたのでありますが、こうして日本と米国との国交《こっこう》がいよいよ親密《しんみつ》に持続《じぞく》することを衷心《ちゅうしん》より切望《せつぼう》するものであります」

（同前書より）

人形たちの歓迎会は盛大に行われました。その感激《かんげき》を渋沢氏はギューリック博士に「児童と共に感慨無量《かんがいむりょう》」と電報を送っています。

一万二〇〇〇体以上の人形たちは、渋沢栄一氏の要請《ようせい》を受けて、文部省から、各学校や幼稚園、保育園、施設《しせつ》などに送られ、たいへんな歓迎を受けました。

また、その当時、日本の統治下《とうちか》にあった台湾《たいわん》、樺太《からふと》（サハリン）、朝鮮《ちょうせん》（韓国《かんこく》）、関東州《かんとう》（遼《りょう》東《とう》半島、満州《まんしゅう》南部）などにも、約三〇〇体が贈られています。

シュリーちゃんは、福岡県の城島《じょうじま》小学校に行くことになりました。東京から列車に乗って福岡県三潴《みずま》郡城島町（現在の久留米《くるめ》市）に着いたのは、昭和二年三月二十二日でした。

小学生はもちろんのこと、町長さんや先生方、お父さんお母さん方など、大勢《おおぜい》の人たちに迎えられ大歓迎をうけました。

そのころ日本では、野口雨情《うじょう》が作詞した「青い目の人形」という童謡が盛んに歌われていました。その歌とともに迎えられたのです。

「青い目の人形」

青い目をしたお人形は
アメリカ生まれのセルロイド
日本の港についたとき

一杯涙をうかべてた
「わたしは言葉がわからない
迷い子になったらなんとしょう」
やさしい日本の嬢《じょう》ちゃんよ
仲よく遊んでやっとくれ
仲よく遊んでやっとくれ

この「青い目の人形」の歌をもとに、人形たちは「青い目の人形大使」と呼ばれるようになりました。

シドニー・ギューリック博士のこと

青い目の人形大使は宣教師《せんきょうし》シドニー・ギューリック博士の呼びかけから始まりました。

ギューリック博士は、一八六〇年（安政六年《あんせい》）、ミクロネシアのマーシャル諸島（一時、日本の委任統治領《いにんとうちりょう》）で生まれました。父も祖父も宣教師でしたが、若いころは天文学者や高校の教師になることが夢だったそうです。しかし、本棚《ほんだな》に並んでいた書物を読んでいるうちに、宣教師の生き方に感動し、勉強に打ち込みました。

宣教師になったギューリック博士は、一八八七年（明治二十年）九月、赴任先《ふにんさき》の日本へ発《た》つ前日、幼馴染《おさななじみ》のカーラ・メイ・フィッシャーさんと結婚しました。

その後ギューリック夫妻は、宣教師としてニューヨークからヨーロッパ、インド、中国を旅し、明治二十一年一月一日に長崎を経由《けいゆ》し、その日のうちに熊本に行きました。熊本には、アメリカ人の叔父《おじ》さんと叔母《おば》さんがいたからです。

最初の五年間は、熊本の学校で英語を教えています。その後、四国の松山《まつやま》女学校でも英語教師として教壇《きょうだん》に立っています。そこでは、仲間《なかま》の教師とともに校外学習の場を設《もう》けて、家庭の事情で上級学校に進めない子どもたちのため、英語、天文学、社会学、進化論《しんかろん》なども教えています。自分自身も日本語を早く上手《じょうず》に話せるようになりたいと、毎日六時間以上も勉強したそうです。その後、京都に移り住みました。

シドニー・ギューリック博士（1919年、米国議会図書館、ジョージ・グランサム・ベイン・コレクションより）

京都には七年間住み、同志社大学《どうししゃ》で教授になり、京都帝国大学《ていこくだいがく》や大阪の梅花《ばいか》女学校でも教鞭《きょうべん》をとっています。また夫人も地域活動に熱心で、同志社女子大学の神学教授《しんがくきょうじゅ》として招《まね》かれています。

ギューリック博士は、二十五年間の日本滞在《たいざい》の間に、日本の文化や歴史《れきし》、哲学《てつがく》、宗教《しゅうきょう》なども深く理解《りかい》し、穏《おだ》やかな人柄と深い学識《がくしき》により、日本国内にも分野を越《こ》えた多くの友人がいました。その中のひとりが、渋沢栄一氏だったのです。

大正二年（一九一三年）、博士の脚《あし》に「がん」が見つかり、教授を辞《や》めて、アメリカで治療《ちりょう》することになりました。その帰国の船上で書いた、渋沢栄一氏に宛《あ》てた手紙には「アメリカと日本の平和のために生涯《しょうがい》を捧《ささ》げます」とありました。

ところが、アメリカに帰ってみると、驚《おど》いたことに、多くのアメリカ人が日本人に対して憎《にく》しみに似た感情を持っていることに気づきます。それは日本の移民政策《いみんせいさく》で、強制的《きょうせいてき》に仕事や土地を奪《うば》われたアメリカ人たちがいたからです。土地を奪い返せ、黄色人種《おうしょくじんしゅ》の日本人は出ていけなどという、人種差別《じんしゅさべつ》や偏見《へんけん》に根ざした日本人排斥運動《はいせきうんどう》が起きていたのです。そ

一九二四年（大正十三年）、アメリカでは日本人の移民を禁止する法案が成立しました。それが「排日移民法《はいにちいみんほう》」です。これで日本の移民の道は閉《と》ざされました。

親日家のギューリック博士は、アメリカ政府に日本人のことを教え、説得《せっとく》し、法案を変えさせようと努力していました。アメリカと日本の絆《きずな》を切るなと呼びかけ、排日移民法の成立を阻止《そし》するために、各地で講演《こうえん》を重ね、論文《ろんぶん》を書き、本も出版しました。

「プロテスタント米国キリスト教会」のスポークスマンでもあった博士は、ウィルソン大統《だいとう》領《りょう》とも会見《かいけん》し、「米日友好」を説いて、日本移民を差別しない平等な移民法案を提案《ていあん》していま す。

このようにギューリック博士は、熱心《ねっしん》に米日相互理解《そうごりかい》と友好親善《しんぜん》を推進《すいしん》するために、十年間ほどがんばりましたが、力が及《およ》びませんでした。

彼は決意します。

「子どもたちが平和の意味を学ぶ方法を探《さが》そう。もし、子どもたちに世界の平和と親善《しんぜん》を教えられたら、大人になったとき、戦争を望むようなことはしないだろう」と。

子どもたちは、みんなほかの国々の文化や教育、生活や習慣《しゅうかん》、言葉や服装《ふくそう》などに興味《きょうみ》を持っています。それをお互《たが》いに知り、友情や信頼《しんらい》を深めるべきだと強く感じたのです。

二十五年間も日本で過《す》ごしたギューリック博士は、日本人にとって人形は、とても大切なものだということを知っていました。

ままごと遊びのオモチャとしておんぶしたり、抱《だ》っこしたりして、子どもの遊び相手になります。また、床《とこ》の間《ま》や棚《たな》に飾《かざ》り、人形を芸術品《げいじゅつひん》のように鑑賞《かんしょう》したりします。

ほかにも、日本の人形には不思議《ふしぎ》な役割《やくわり》もあります。原因不明《げんいんふめい》の病気にかかったり、思いがけない災難《さいなん》に出合ったとき、穢《けが》れ払《ばら》いとしてヒトガタを作り身代《みが》わりにするという珍《めずら》しい風習《ふうしゅう》です。

日本では、女の子の「ひな祭り」や男の子の「端午《たんご》の節句《せっく》」など、人形祭りをします。段飾りといって、いろんな姿《すがた》や形をした人形が何段にも並んで飾られ、その前で甘酒《あまざけ》を飲みながら楽しみます。その風習はとても美しく、そういうことをする国は、世界的にも珍しいのです。

さらに、彼は野口雨情《うじょう》の「青い目の人形」の歌が日本中ではやっていることも知っていました。

ギューリック博士は、人形たちを平和と友好の架《か》け橋《はし》にしよう、と決意したのです。彼はさっそく当時の駐米《ちゅうべい》日本大使の松平恒夫《まつだいらつねお》さんに相談《そうだん》しました。

日米の感情の悪化《あっか》を懸念《けねん》していた松平大使は「それはいいアイデアだ」と、日ごろから親交のあった日本の実業界の指導者・渋沢栄一氏にこの話を持ちかけました。

渋沢氏は、幕末《ばくまつ》から明治、大正、昭和初期の長きにわたって日本の近代化《きんだいか》のために尽力《じんりょく》した人で「日本を豊《ゆた》かにしたい」という使命感《しめいかん》のもと、日本に初めて「銀行」を誕生《たんじょう》させました。令和六年（二〇二四年）からは新一万円札の肖像《しょうぞう》になりました。

彼は、「私利《しり》と公益《こうえき》とは別なものではない。個人の利益《りえき》を追求《ついきゅう》するだけではなく、社会全体を豊《ゆた》かにしなければならない」との考えを持っていました。そして人のために尽《つ》くすことは、自分のためにもなる。ひいては国のためにもなるのだ、という強い信念《しんねん》を持った人でした。

人形を日本で迎えた渋沢栄一

渋沢栄一は、天保十一年（一八四〇年）、武蔵国榛沢郡血洗島村《むさしのくにはんざわぐんちあらいじまむら》（現在の埼玉県深谷市血洗島）で生まれました。そこは関東平野の真ん中にあり、坂東太郎《ばんどうたろう》と呼ばれる利根川《とねがわ》が近くに流れていました。渋沢家は裕福《ゆうふく》な農家で、藍《あい》を栽培《さいばい》して藍染《あいぞ》めの材料となる藍玉《あいだま》を作り、それを販売《はんばい》していました。

栄一は、学問を尊《とうと》ぶ父親の影響《えいきょう》で、五歳のときから書物を読みはじめ、『三国志《さんごくし》』や『南総里見八犬伝《なんそうさとみはっけんでん》』などの小説はもちろん、修身《しゅうしん》や論語《ろんご》などの人間の生き方を説《と》いた本も次々に読破《どくは》していきました。本好きの栄一は、道を歩きながら本を読んでいて、溝《みぞ》の中に落ちたこともあったそうです。

十四、五歳《さい》になるころには、中国の儒教《じゅきょう》や朱子学《しゅしがく》など、代表的な九つの書物「四書五経《ししょごきょう》」を読破《どくは》していきます。中でも『論語』には深く傾倒《けいとう》し、彼のその後の生き方の基礎《きそ》となってい

鹿島神社（埼玉県深谷市）

ます。

犬が大好きな彼は、大きな強い犬を大変かわいがって、夜もこっそり自分の寝床《ねどこ》に入れて一緒《いっしょ》に寝ていました。おかずを自分のお箸《はし》で与えて、犬がペロペロ舐《な》めたその同じお箸で、自分も平気で食べていたそうです。

母の栄《えい》は「中の家《なかんち》のおかみさん」と呼ばれ、情深《なさけぶか》い人でした。貧乏《びんぼう》な人の家に出かけて行っては物をほどこしたり、暮らしの助けになるような助言《じょげん》をしたりしています。

隣村《となりむら》に「鹿島《かしま》さま」という神社があり、その境内《けいだい》のご神木《しんぼく》のそばに、どんな病気でも治ると言われている「鹿島の湯」という共同風呂《ぶろ》がありました。

あるとき、そこにハンセン病の女性がやってきました。当時、ハンセン病は原因不明の感《かん》染症《せんしょう》とされ、患者《かんじゃ》さんはいわれのない差別をうけ、みんなに敬遠《けいえん》されていました。なので、入浴していた人たちは逃げ出してしまいましたが、栄は最後まで残って、その女性と一緒にゆっくりと湯につかっていたそうです。

そんな情深い母と教育熱心な父に育てられた栄一は、しっかり教養を身につけ、人間的にも成長していきました。

一方で、栄一は家業《かぎょう》の藍玉《あいだま》の製造販売《せいぞうはんばい》も手伝っていました。色をよく出す藍玉を作るには、よい藍の葉を買い入れなければなりません。栄一が十三歳のとき、父が用事で買い付けに行けなくなり、代わりに栄一が行くことになりました。

藍の葉を売る店の人は、まだ幼い子どもが来たので真面目《まじめ》に相手にしなかったそうです。けれど、藍の葉を見ながら「これは肥料《ひりょう》が足りない、これは乾燥《かんそう》の仕方が悪い」などとピタリと言い当てるので、びっくりし「この子は大人《おとな》より目利《めき》きだ」と感心され、見事な仕入れをしたそうです。こうして実践《じっせん》で身につけた経験《けいけん》が、のちに経済《けいざい》・経営《けいけい》の手法《しゅほう》にも生かされていきます。

彼の従兄弟《いとこ》に、十歳年上の尾高惇忠《おだかあつただ》（藍香《らんこう》）という、博学《はくがく》で人格的にも優《すぐ》れた人がいまし

尾高惇忠（国立国会図書館「近代日本人の肖像」より）

た。栄一は、五歳のときから彼の教えを請《こ》い、漢学《かんがく》の知識《ちしき》を得、素養《そよう》を磨《みが》きました。こうして幅広《はばひろ》い知識《ちしき》や読解力《どっかいりょく》、洞察力《どうさつりょく》を養《やしな》ったのです。

このように、知識と実践《じっせん》が伴《ともな》っていたからこそ、のちに近代的なシステムに関しても理解《りかい》し、積極的に受け入れることができたのでしょう。

栄一は、十八歳のとき、尾高惇忠の妹・千代《ちよ》と結婚しました。千代は賢夫人《けんぷじん》で、留守《るす》がちな夫の後ろで家を守り支《ささ》えました。

文久《ぶんきゅう》元年（一八六一年）、江戸に遊学《ゆうがく》した栄一は、尊王攘夷思想《そんのうじょういしそう》の影響《えいきょう》を受け、同じ志《こころざし》を有する仲間たちとともに倒幕《とうばく》に情熱《じょうねつ》を傾《かたむ》けますが、失敗《しっぱい》に終わりました。その後、慶応《けいおう》二年（一八六六年）十二月、二十六歳のとき、一橋家《ひとつばしけ》の用人《ようにん》・平岡円四郎《ひらおかえんしろう》に見込まれ、のちに徳川将軍《とくがわしょうぐん》となる一橋慶喜《よしのぶ》に仕《つか》えることになりました。

渋沢とパリ万国博覧会

慶応《けいおう》二年（一八六六年）、将軍・慶喜《よしのぶ》に、フランスの皇帝《こうてい》ナポレオン三世から、パリ万国博《ばんこくはく》覧会《らんかい》参加の要請《ようせい》がありました。将軍自身が行くことはできません。代理で慶喜の弟・十三歳の昭武《あきたけ》（民部《みんぶ》）が行くことになります。山高石見守信離《やまたかいわみのかみのぶあきら》がお供《とも》として同行しますが、外国旅行のための準備《じゅんび》や旅費《りょひ》の計算などができる者がいません。そこで栄一に白羽《しらは》の矢が立ったのです。栄一、二十七歳のときでした。

江戸時代末期、飛行機もない時代です。フランスの郵船《ゆうせん》「アルヘー号」で、横浜を出発。一か月後にエジプトのスエズに上陸。鉄道でエジプト北部、ナイル川に沿《そ》った地中海《ちちゆうかい》を臨《のぞ》む都市、アレクサンドリアに向かいました。そこから地中海郵船に乗り、フランスのマルセイユに到着《とうちやく》。

スエズ運河《うんが》もまだ開通していない時代だったので、大変な苦労をして、陸路《りくろ》で二か月もか

徳川昭武（国立国会図書館「近代日本人の肖像」より）

かってパリに到着しました。船中では外国語を猛練習《もうれんしゅう》しています。

約一年半の視察《しさつ》旅行のあいだ、栄一は毎日、日記をつけています。慶応三年一月、アルヘー号船中の様子を次のように書いています。

「朝食の時、茶の中に白砂糖《さとう》を入れパンや菓子《かし》を出す。牛の乳の凝《こ》り固まったものをパンに塗《ぬ》って食べる、大変味がよい。十時ごろになると、陶器《とうき》の皿へ、銀の匙《さじ》や銀の鉾《ほこ》や包丁《ほうちょう》が添《そ》えてある。テーブルの上には、菓子《かし》や果物が色々盛《も》ってあり、勝手に食べるようにしてある。葡萄酒《ぶどうしゅ》を自由に飲みながら、魚、鳥、豚《ぶた》、羊《ひつじ》などの肉を煮《に》たり焼いたりしてくる。パンは食べるに任《まか》せてある。食後は豆を煎《せん》じた湯を出す。砂糖や牛の乳を混ぜて飲む。非常に胸《むね》の中を爽《さわ》やかにして、美味《びみ》である」

（前掲『渋沢栄一』より）

バターやフォーク、ナイフ、コーヒーなどを知らない時代の表現《ひょうげん》は滑稽《こっけい》ですが、美味《おい》しいとは、さすがです。

徳川昭武の一行は、パリに一年ほど滞在《たいざい》して、パリ万国博覧会をはじめ、ヨーロッパ諸国《しょこく》を見てまわりました。あらゆる文化施設、軍隊《ぐんたい》の様子も見学、チュイルリー宮殿《きゅうでん》でナポレオン三世や王妃《おうひ》に謁見《えつけん》しました。その際《さい》の昭武の衣装《いしょう》「衣冠束帯《いかんそくたい》（公家《くげ》の正装《せいそう》）」はパリっ子の話題になったそうです。どこに行っても歓待《かんたい》され、最大の敬意《けいい》を受けました。当時の日本は、ヨーロッパの人々にとって、異国情緒《いこくじょうちょ》にあふれた不思議な国だったのでしょう。

日記には失敗談も書いています。船が中国の上海《シャンハイ》に着いたとき、生まれて初めてガス灯《とう》や電線を見て驚《おどろ》いています。

初めて汽車に乗ったときのことです。同行の一人が窓《まど》の景色を見ながらミカンを食べていました。皮をむいて外に放り投げたつもりだったのですが、窓ガラスにミカンの皮が当たり、跳《は》ね返って、前に乗っていた西洋人の顔に当たったのです。日本にはまだガラスがありません。本人はガラスを知らない

慶応3年、27歳のころ（国立国会図書館「近代日本人の肖像」より）

ウジェーヌ・シセ「1867年の万国博覧会ユニヴェルセルの公式鳥瞰図」。手前はセーヌ川（米国議会図書館所蔵）

ので、外に捨《す》てたと思っていたのです。怒《おこ》っていた西洋人も、通訳《つうやく》の説明でガラスを知らない人間がいることを知り、大笑いして許《ゆる》してくれたそうです。このような体験を通し、いかに日本が遅《おく》れているかを思い知ったことでしょう。

フランスのホテルでフランス政府が昭武の世話をするためにつけてくれた通訳は、パリの銀行経営者《けいえいしゃ》でした。日本にはまだ銀行のなかった時代です。非常《ひじょう》に感《かん》銘《めい》を受けた栄一は、のちにこの人から銀行や会社のことなど、実社会の新しい知識《ちしき》を授《さず》けられ、銀行設立《せつりつ》の教えを請《こ》うことになります。

何を見ても日本にはないような立派《りっぱ》なものばかりです。昭武一行は名所旧跡《めいしょきゅうせき》をはじめ、劇場《げきじょう》、舞踏会《ぶとうかい》、博物館、美術館《びじゅつかん》、動物園などを見学しました。

また、議会、取引所《とりひきじょ》、銀行、会社、工場、病院、上下水道なども見学。どこに行っても、驚くほどの近代化。日本よりはるかに進んだ会社や施設《しせつ》に、栄一の頭は新知識でいっぱいになり、はち切れそうでした。

パリ万国博覧会の日本茶屋
（「イラスト版ル・モンド」gallica.bnf.fr より）

パリ万博では、出品されていた日本の浮世絵《うきよえ》の奔《ほん》放《ぽう》な色彩《しきさい》と精巧《せいこう》な筆運《ふではこ》びが、フランスの印象派《いんしょうは》の画家たちに影響《えいきょう》を与えました。

外国人の目を一番ひいたのは、ヒノキ造《づく》りの茶店《ちゃみせ》でした。お茶室《ちゃしつ》は、六畳《じょう》敷《じ》きの日本間《にほんま》で、土間《どま》を作り、そこでお茶をたてて外国人に振《ふ》る舞《ま》っています。三人の日本女性が和服を着て、長いキセルで煙草《たばこ》を吸《す》っているのです。初めて見る日本髪《にほんがみ》と和服姿の女性に、黒山のような人だかりができたそうです。

万博開催《かいさい》中の五月、ナポレオン三世が主催する博覧会出品物の表彰式《ひょうしょうしき》に昭武一行も招《まね》かれました。

ナポレオン三世は、輝《かがや》くような豪華《ごうか》な馬車六台で、皇后《こうごう》と皇太子《こうたいし》と一緒に現《あらわ》れました。そして式場で大演説《だいえんぜつ》をしたのです。その演説を聞いた栄一は感動し、後年、息子さんに、こう話して聞かせたそうです。

「まるで世界を一飲《ひとの》みにしたような演説だったよ。国をほろぼすものは敵国《てきこく》ではない、その国じしんだよ。まったく、国の心がけ一つだね」と。

息子さんはこの話を聞いて、「太平洋戦争に負けた日本は、アメリカに負ける前に、日本自身に負けていたのかもしれない」と父は言いたかったのだろうと想像《そうぞう》しています。

ヨーロッパの国々を見てまわり、栄一の心に残ったことがありました。

ベルギーのレオポルト国王が、十三歳の昭武に「ベルギーでどこを見物しましたか」と優《やさ》しくたずねました。昭武は「いろいろ見物しました。リエージュの製鉄所《せいてつじょ》も見ました」と答えると、国王はにこにこして「それはたいへんいいところを見物なさいました。世界じゅうの国々で、鉄をたくさんつくる国は、かならずお金持ちの国になります。また、鉄をたくさん使う国は強くなります。日本もこれから鉄をたくさん使って強くならなければなりませんが、それには私の国の鉄を買ってください」と言いました。

日本の武士《ぶし》階級は、お金を卑《いや》しいものと考え、お金の話をするだけで心が穢《けが》れるような風《ふう》潮《ちょう》がありました。一国の王様が物売りみたいなことを言うとは信じられなかったのです。

栄一は深く考えさせられました。「武士《ぶし》は食わねど高楊枝《たかようじ》」という諺《ことわざ》がありますが、武士だけではなく日本の学者たちも、お金は卑しいものだ、貧乏《びんぼう》でいるほうが心が綺麗《きれい》だという考えの人が多かったからです。いくらお金を卑しんでも、お金がなければ生きていけません。お金のない国は立派にもならなければ、国民も幸せになりません。大切なものだけに、それを儲《もう》ける方法の良《よ》し悪《あ》しを忘《わす》れて、欲《ほ》しがるばかりになるのがいけないのだと悟《さと》りました。

お金自体が卑しいのではない。卑しい欲しがり方さえしなければよいのだ。正しく商売の利益《りえき》を上げることはよいことなのだ。ベルギーの王様が商売の話をされてもまちがいではないのだ、というところにたどり着き、納得《なっとく》したのです。

栄一は日本に帰って、明治六年から実業界で働き出しましたが、これが信念になっていたのです。

栄一の西洋土産《みやげ》のひとつにシャボンがあります。日本にはまだ石鹸《せっけん》がなかった時代ですから、このお土産は日本のために大変役立ちました。栄一が特に関心を持ったのは、「機械」「貨《か》

ちょんまげを切り洋装の渋沢栄一（国立国会図書館「近代日本人の肖像」より）

幣《へい》」「精密《せいみつ》機械」「織物《おりもの》」の四つでした。また、パリでは株式《かぶしき》会社や銀行のことなど、日本にはまだない経済の組織《そしき》を学んでいます。

さらに、自分たちの行動が報道《ほうどう》されている「新聞」にも興味を持ちました。政治、社会、文化、スポーツ、経済欄《らん》まであるのに驚き、日本の早い近代化の必要性を強く感じました。

この経験《けいけん》が、その後「資本主義の父」と言われる活躍《かつやく》の土台になりました。

パリに着いた年の暮《くれ》、栄一はちょんまげを切り、大小の刀と脇差《わきざし》を捨《す》て、着物から洋服に着替《きが》えました。当時から、既存《きぞん》の価値観《かちかん》にとらわれない柔軟《じゅうなん》な適応力《てきおうりょく》がある栄一です。別に抵抗《ていこう》はなかったようです。

西洋の文明に驚いた栄一は、故郷の従兄弟で妻・千代の兄でもあり、師《し》と仰《あお》ぐ尾高惇忠《あつただ》に手紙を送っています。

「……ふかく外国と交際《こうさい》し、すぐれた点を学び、日本のためをはかるより、しかたのないことです。

水や火の便利な使い方に、ビックリしました。パリの地中はすべて水の道や火の道です。火はガスというもので、形なくして燃《も》えます（パリにもまだ電灯はなかった）。……

人の住んでいる家は、高さが七―八階です。たいがい石造りで、座敷《ざしき》のりっぱなことは、大名や貴族《きぞく》の住まいにもないくらいです。また、婦人《ふじん》の美しいことは、じつに雪のごとく玉のごとくで、あたりまえの婦人でさえも、楊《よう》氏（中国の玄宗皇帝《げんそうこうてい》の寵妃《ちょうき》・楊貴妃《ようきひ》）、西《せい》氏（中国・春秋時代の呉王夫差《ごおうふさ》の寵妃・西施《せいし》）、たましいをうばいかねないほどです」

こうして、楽しく西洋文化を吸収《きゅうしゅう》していきました。

高松凌雲のこと

令和三年（二〇二一年）のＮＨＫ大河《たいが》ドラマ「青天を衝《つ》け」を見ていたときのことです。な

高松凌雲（1867年パリで撮影。松戸市戸定歴史館所蔵）

んと私の住んでいる福岡県小郡《おごおり》市出身の高松凌雲《りょううん》が、渋沢栄一と一緒に徳川慶喜《よしのぶ》の医師として随行《ずいこう》していたことがわかったのです。私は彼の生き方に深く感動し、二十年ほど前から高松凌雲顕彰会《けんしょうかい》のお手伝いをし、十年ほどは理事をしていたにもかかわらず、そのことを不覚にも知りませんでした。郷土《きょうど》の誇《ほこ》りの高松凌雲のことをお話しさせてください。

高松凌雲は赤十字運動の魁《さきがけ》と言われた医師《いし》で、天保《てんぽう》七年（一八三七年）に筑後国《ちくごのくに》御原《みはら》郡古《ふる》飯《え》村（現在の小郡市古飯）に生まれました。幼少より父から、独立独行《どくりつどっこう》、不撓不屈《ふとうふくつ》の精神《せいしん》で生きなければならないと、厳《きび》しく育てられました。

安政《あんせい》六年（一八五九年）、二十三歳のとき、医師を志《こころざ》し江戸へ出て、蘭方医《らんぽうい》の名医・石川桜《おう》所《しょ》の「石川塾《じゅく》」や、当時関西一といわれた蘭方医《らんぽうい》・緒方洪庵《おがたこうあん》が開いている「適塾《てきじゅく》（大阪大学医学部の前身）」へ入門。そこでは大村益次郎《おおむらますじろう》や橋本佐内《はしもとさない》、福沢諭吉《ふくざわゆきち》など、幕末《ばくまつ》から明治にかけて日本を動かすことになる人たちがたくさん学んでいました。

父の教えを守り、人一倍努力して医師になった凌雲は、石川桜所の紹介《しょうかい》で、一橋家《ひとつばしけ》の慶喜に仕えました。

慶応《けいおう》二年（一八六六年）、一橋慶喜が第十五代将軍《しょうぐん》になったとき、凌雲は御典医《ごてんい》に任命《にんめい》されました。将軍のお抱《かか》え医師になるということは、信じがたいほどの偉業《いぎょう》です。二十九歳《さい》のときでした。

同年、パリ万国博覧会への案内が将軍・慶喜に届《とど》きました。慶喜の弟の昭武《あきたけ》が行くことになり、医師として凌雲が随行することになったのです。

NHK大河ドラマ「青天を衝け」で、一橋慶喜に仕えていた栄一がパリ万国博覧会に随行することになり、凌雲と出会う場面があったのです。さっそくパリ万博の随行人の写真を調べたところ、後列の左端《ひだりはし》に栄一、一人おいて凌雲が写っていました。

凌雲は、医者としてオランダ語と英語は習得《しゅうとく》していましたが、フランス語は学んでいませんでしたから、船中でフランス語を学びました。知識欲旺盛《ちしきよくおうせい》な二人は、熱心にフランス語を勉強したにちがいありません。

パリ万博に参加した徳川昭武一行。後列左端が渋沢栄一、一人おいて高松凌雲（マルセイユにて。渋沢史料館所蔵）

大変な苦労をして到着《とうちゃく》したパリでは、万博でさまざまなヨーロッパの文明を吸収《きゅうしゅう》し、二人とも目から鱗《うろこ》が落ちるような体験も多々あったことでしょう。

その後、万博の随行の任《にん》を解《と》かれた凌雲は、現地《げんち》に残り、フランス、スイス、オランダ、イタリア、ベルギー、イギリスなどの各国を訪問《ほうもん》しています。

イギリスでは蒸気機関車《じょうききかんしゃ》を初めて見てびっくりしています。

また凌雲は、その後の生き方を決める大きな二つの出来事を体験しています。

ひとつは、イタリアで捕《と》らえられたフランス人の捕虜《ほりょ》を見たときのことです。敵兵《てきへい》である捕虜を殺《ころ》すことなく、怪我《けが》をしている彼らを治療《ちりよう》しているのです。それは、アンリー・デュナンという人が作った「赤十字条約《じようやく》」が守られていたからでした。戦場で白地に赤い十字の旗(赤十字)の目印があれば、攻撃《こうげき》しないという赤十字精神です。

もう一つは、パリで見た病院の様子でした。大勢《おおぜい》の患者《かんじや》が並《なら》んでいます。見るからに貧《まず》しい人たちです。そういう貧しい人からは治療代《ちりようだい》をとらず、無料で治療をしているのです。それは、市民がみんなでお金を出し合って助け合い、幸せに過《す》ごそうという博愛《はくあい》の精神でした。

凌雲は敵味方《てきみかた》の差別なく治療するという赤十字精神と、みんなで助け合う博愛精神とを、深く心に刻《きざ》み込んだのでした。

大きな感銘《かんめい》を受けた凌雲は、苦しんでいる人たちを助けるのが医学の道だ、日本でもこのような病院をつくりたい、と強く思いました。帰国後、凌雲はこのとき学んだ「赤十字精神」と「博愛主義」を、すぐさま実践《じつせん》することになります。

また、パリの「オテル・デュ」(神の館《やかた》)という病院では最新の医療《いりよう》技術《ぎじゆつ》を学び、外科手《しゆ》術《じゆつ》用の医療器具や最新式の顕微鏡《けんびきよう》なども購入《こうにゆう》しています。

凌雲がパリの病院で医学の勉学に励《はげ》んでいるとき、日本では明治元年(一八六八年)に戊《ぼ》

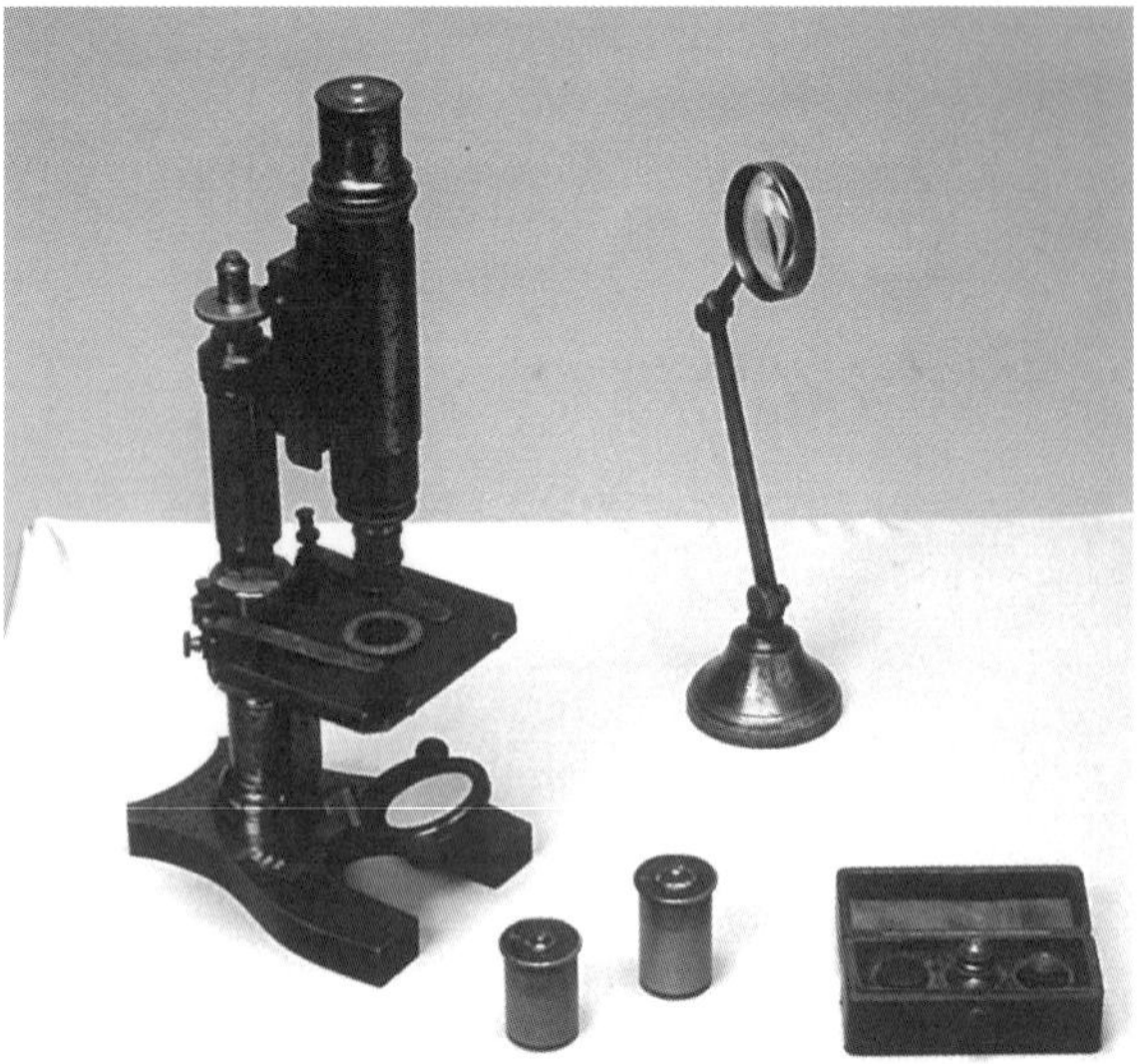

パリで購入した顕微鏡（函館博物館所蔵）

辰《しん》戦争が始まり、幕府軍が負けたという知らせを受けました。凌雲は勉強を打ち切り、急いで日本に帰国しました。

旧幕府軍と新政府軍が戦った箱館《はこだて》戦争では、凌雲は幕府側でしたが、新政府軍のけが人も分け隔《へだ》てなく治療しました。フランスで学んだ赤十字運動の実践をしたのです。このことが、赤十字運動の魁《さきがけ》と言われる所以《ゆえん》です。

その後、明治三年に医院を開業。幕府の医師だった凌雲が、生活に困《こま》っている人からは一切《いっさい》お金をとらず、無料で診療所《しんりょうじょ》を開いているという噂《うわさ》は瞬《またた》く間に広がり、多くの人々が押し寄せました。

しかし、経済《けいざい》的な限界《げんかい》を感じた凌雲は、フランスで学んだお互《たが》い助け合うという寄付《きふ》の制《せい》度《ど》を採《と》り入れました。それがのちに、民間救護《きゅうご》団体の前身といわれる福祉施設《ふくししせつ》「同愛社《どうあいしゃ》」の創設《そうせつ》でした。

明治十二年三月、凌雲四十五歳のとき「同愛社」が誕生《たんじょう》しました。その協力者の中に渋沢栄一がいたのです。同愛社のことを知った渋沢は、すすんで凌雲に寄付を申し出て、凌雲を感激《かんげき》させました。そのうえ、同愛社の幹事《かんじ》となって運営《うんえい》を支《ささ》えています。こうしてパリ万博随行の二人の親交は深まっていきました。

同愛社（『同愛社五十年史：日本救療事業史料』同愛社、昭和３年、国立国会図書館デジタルコレクションより）

同愛社の精神に賛同《さんどう》し経済的に支えた社員は四〇〇人を超《こ》え、その中には、徳川昭武はじめ、大隈重信《おおくましげのぶ》、勝海舟《かつかいしゅう》、安田善次郎《やすだぜんじろう》など、各界の有力者たちがいました。

同愛社のことを知った佐賀県出身の佐野常民《さのつねたみ》が「日本赤十字社」を創設《そうせつ》するにあたり、凌雲に「ぜひ私たちに力を貸《か》してくれないか」と訪《たず》ねてきました。

しかし凌雲は、「せっかくですが、それはできません。私は、医者や病院は、本来中立でなければならない、政府（官）や権力《けんりょく》に属《ぞく》したものであってはいけないと

高松凌雲（国立国会図書館「近代日本人の肖像」より）

思うのです」と、きっぱりと断《ことわ》っています。

自らの栄達《えいたつ》は望まず、社会の底辺に生きる人々に寄り添《よそ》っていきたいとの信念をまげませんでした。

凌雲は、医者は人の生命を救《すく》う尊《とうと》い職《しょく》業《ぎょう》だから、清らかな人格《じんかく》の持ち主でなければならないと、技術《ぎじゅつ》だけではなく、医者としての人間教育にも力を入れました。

その高潔《こうけつ》な志を貫《つらぬ》いた同愛社の活動は広く受け止められ、明治十五年には東京府庁《ふちょう》から金《きん》杯《ぱい》が贈《おく》られ、翌《よく》十六年には、明治天皇《てんのう》より金一〇〇〇円が下賜《かし》されました。これによって同愛社は社会的にも認《みと》められていきました。

明治三十二年、凌雲六十四歳のときに東京医師会の会長に選ばれ、七十七歳のときには、社会のために尽力《じんりょく》した人に与えられる藍綬褒章《らんじゅほうしょう》を受章しました。

同愛社の活動は三十二年間続けられ、同愛社で治療を受けた人の数は七十万人とも一〇〇万人とも言われています。赤十字運動の先駆者《せんくしゃ》となった凌雲は、大正五年（一九一六年）、東京の鶯谷《うぐいすだに》の自宅で静かに生涯《しょうがい》を終えました。八十一歳でした。葬儀《そうぎ》では、パリ万博以来交流を続けていた八十五歳の渋沢栄一が弔辞《ちょうじ》を述《の》べています。

将軍慶喜夫妻《よしのぶふさい》の墓地《ぼち》は、東京上野の谷中霊園《やなかれいえん》にあります。凌雲夫妻のお墓は、慶喜夫妻のすぐそばに建っています。

また、生誕地の小郡市古飯には、兄で兵学者《へいがくしゃ》の古屋佐久左衛門《ふるやさくざえもん》と凌雲の顕彰碑《けんしょうひ》が並んで建っています。

帰国後の渋沢栄一

明治二年（一八六九年）二十九歳のとき、渋沢栄一は新政府《しんせいふ》で働くことになり、民部省《みんぶしょう》、大蔵省《おおくらしょう》（現在の財務省《ざいむしょう》と金融庁《きんゆうちょう》）で近代日本の制度《せいど》づくりに関与《かんよ》しました。その四年後の三十三歳のときに退官《たいかん》し、それからは実業界で活躍《かつやく》することになります。

第一国立銀行（小林音次郎編『実写奠都五十年史』日本仏教協会、大正６年、国立国会図書館デジタルコレクションより）

第一国立銀行（のち第一銀行。現在のみずほ銀行の前身のひとつ）や東京ガス、京都織物《おりもの》、帝国ホテル、王子製紙《せいし》、サッポロビール、大阪紡績《ぼうせき》（現在の東洋紡）、日本鉄道（現在のJR東日本）、東京海上保険《ほけん》（現在の東京海上日動火災保険）など、五〇〇余りの企業の設立に関係しています。その経営理念は、「開放的《かいほうてき》な経営」と「倫理《りんり》と利益《りえき》の両立」（論語《ろんご》と算盤《そろばん》）でした。

一方、四十六歳のころから、経済面だけではなく、社会福祉《ふくし》事業に携《たずさ》わっています。

私が一番心打たれたのは社会福祉事業への貢献《こうけん》です。営利《えいり》を目的とした事業は約五〇〇。社会福祉などの非営利事業は、なんと六〇〇にも及《およ》んでいます。

幕末から維新《いしん》にかけて、職《しょく》を失った士族《しぞく》をはじめ、孤児《こじ》、障がい者、病人など多くの生活困窮者《こんきゅうしゃ》がいました。これらの人を収容《しゅうよう》する目的で、明治五年「養育院《よういくいん》」が設立されました。現在のように児童福祉や社会保障《ほしょう》などの概念《がいねん》がなかった時代、ここでは親に見放《みはな》された子どもたちも教育を受けることができたし、ハンセン病患者《かんじゃ》や老人たちの救《すく》いともなりました。

東京養育院（東京市養育院編『東京市養育院年報』第56回（昭和2年）東京市養育院、昭和2－9年、国立国会図書館デジタルコレクションより）

彼は、明治十二年に初代院長に就任《しゅうにん》してから、昭和六年（一九三一年）に九十一歳で亡くなる間際《まぎわ》まで、約五十年間、院長を務《つと》めています。栄一の残した養育院は、現在、東京都健康長寿《ちょうじゅ》医療《いりょう》センターとなっています。

彼の社会福祉事業への貢献の根底には、情深《なさけぶか》い母親・栄《えい》の影響《えいきょう》があったのではないでしょうか。私は、経済面より、この方面の栄一に深い共感を覚えます。功成《こうな》り名遂《なと》げて実業界から一歩身を引いたあとも、福祉・医療事業に力を尽《つ》くしています。その中のひとつに「青い目の人形」もあります。

渋沢栄一ゆかりの地を訪ねて

令和三年（二〇二一年）の夏の初め、八十歳《さい》になった私は、今まで目薬以外はお薬を持たないのを自慢《じまん》していましたが、急に血圧《けつあつ》が上がり、近くの病院を受診《じゅしん》しました。何気なく待合室の本棚《ほんだな》に目をやると、『渋沢栄一　士魂商才《しこん》を貫《つらぬ》いた先駆者《せんくしゃ》』という本のタイトルが目に飛び込んできました。本の裏表紙には、年末まで渋沢が居《きょ》を構《かま》えた東京飛鳥山《あすかやま》に「大河ドラマ館が開館」とあります。

彼の懐《ふところ》の深さに取り憑《つ》かれ、もっと知りたいと思っていた私は、すぐに東京にいる娘《むすめ》に連《れん》絡《らく》をとりました。

「いいよ、いつでもいいよ。飛行機の切符《きっぷ》、ネットで安くとってあげるよ」との気軽な返事。持つべきものは子どもと、このときばかりは感謝《かんしゃ》。七月二十二日から二十五日まで、コロナ禍《か》の中、万全を期して出発しました。

晩香盧

まず、北区飛鳥山の渋沢邸《てい》である「晩香盧《ばんこうろ》」に行きました。それは、都内屈指《くっし》の桜の名所と言われている飛鳥山公園の中にありました。東京とは思えない緑豊《ゆた》かな環境《かんきょう》のなか、木々に囲《かこ》まれ、木造《もくぞう》の平屋《ひらや》建《だ》て、シンプルな赤い煉瓦屋根《れんがやね》のこぢんまりとした建物が、ひっそりと佇《たたず》んでいます。この建物は、大正六年（一九一七年）、清水建設が渋沢栄一の喜寿《きじゅ》（七十七歳）のお祝いと、長年の引き立てに対する感謝を込めて贈《おく》ったもののこと。国指定の重要文化財《ぶんかざい》となっています。

部屋の中には入れなかったのですが、ガラス戸越しに眺《なが》めると、その室内はテーブルから椅子《いす》、カーテンまで意匠《いしょう》を凝《こ》らした設《しつら》えで、調度品《ちょうどひん》も品格《ひんかく》がありました。栄一はここに国内外の賓客《ひんきゃく》を招《まね》き語り合っています。その中に、インドの詩人タゴールもいて、一緒に写った写真には、泉水《せんすい》の流れる庭を案内する好々爺然《こうこうやぜん》とした栄一の姿があります。現在、庭は枯山水《かれさんすい》になっていました。栄一は、この晩香盧をこよなく愛し、亡くなるまでのほとんどを、ここで過《す》ごしています。

その同じ邸内に「青淵文庫《せいえんぶんこ》」があります。これは傘寿《さんじゅ》（八十歳）のお祝いに竜門社《りゅうもんしゃ》（栄一の理念に共鳴した経済人の組織《そしき》。現在の渋沢栄一記念財団《ざいだん》の前身）から贈られたもので、鉄《てつ》筋《きん》コンクリートの二階建て。一階が閲覧室《えつらんしつ》で、二階が書庫《しょこ》になっています。

窓枠《まどわく》には凝《こ》ったステンドグラスが使われており、室内の窓もステンドグラスで渋沢家の家《か》紋《もん》をアレンジして作られています。それはそれは見事な窓です。国の重要文化財として今なお健在《けんざい》なのが嬉《うれ》しく、カメラに収《おさ》めました。

もう一つ、渋沢邸が国の重要文化財になっています。「誠之堂《せいしどう》」です。誠之堂は、大正五年、第一銀行の頭取《とうどり》をしていた栄一の喜寿を祝って、銀行員たちから贈られたという、レンガ造りの建築です。栄一は喜寿を機に、第一銀行の頭取を辞任《じにん》しましたが、行員たちが出資《しゅっし》を募《つの》ってこの「誠之堂」を建築しました。栄一が行員たちに深く敬愛《けいあい》されていたことがうかがわれます。平成十一年（一九九九年）に東京世田谷《せたがや》区から生まれ故郷の深谷《ふかや》市に移築され、平成十五年には国の重要文化財に指定されています。

栄一が最初に住んだ渋沢邸は、兜町《かぶとちょう》にありました。それは、栄一が総監役《そうかんやく》を務《つと》めた第一銀行や、自分が設立した東京株式《かぶしき》取引所が兜町にあったからです。この渋沢邸は、東京駅を設計した辰野金吾《たつのきんご》が腕《うで》によりをかけて設計したものです。

中央にベランダを設《もう》け、左右にバルコニーをつけた、美しいベネチアン・ゴシック様式の家でした。石段《いしだん》で川に降《お》りて、釣《つ》りを楽しむこともできました。

錦絵《にしきえ》にも描《えが》かれたこの壮麗《そうれい》な建物は、残念ながら関東大震災《だいしんさい》で焼失《しょうしつ》してしまいました。

栄一は、自分の家ばかりではなく、兜町の街全体が、西洋風の構《かま》えを持った街になることを夢見《ゆめみ》ていました。

そこで、東京を経済の街、商業都市にするために隅田川河口《すみだがわかこう》に横浜の港を移《うつ》し、国際貿易《こくさいぼうえき》港《こう》にする案を考えたのですが、その夢は果たせませんでした。しかし、東京証券取引所で有名な兜町は、今でも当時の面影《おもかげ》を宿《やど》しています。

晩年《ばんねん》の栄一の夢は、パリの街並《まちな》みの再現《さいげん》でした。パリで見た美しい街並みを頭に描きながら、多摩川《たまがわ》べりの、まだ電車も水道も電気もない土地、多摩川台に「田園都市《でんえんとし》」を実現《じつげん》させるのです。

田園調布《でんえんちょうふ》は、大正七年に渋沢栄一が中心となって「理想的な住宅地《じゅうたくち》『田園都市』の開発」

旧田園調布駅

を目的として計画されました。

その理念は、都市の外側を田園や緑地帯で囲《かこ》み、企業を誘致《ゆうち》し、交通渋滞《じゅうたい》や公害のない、住宅環境《かんきょう》に優《すぐ》れた都市を建設するというものでした。

田園調布の駅前広場を中心に、放射状《ほうしゃじょう》に延《の》びる街路《がいろ》は、当時のヨーロッパの都市に見られた特徴《とくちょう》を、そのまま採《と》り入れたものです。日本の田園都市建設の参考とするため、弟を三年間ヨーロッパに視察《しさつ》研究に行かせた結果生まれた、日本有数の高級住宅街となりました。

その田園都市を見たいと、ワクワクしながら田園調布駅に向かいました。下車すると、ユニークで何ともかわいい駅が出迎《でむか》えてくれました。大正十五年元旦《がんたん》に「田園調布駅」として誕生したそうです。

前方を見渡《みわた》すと、そこには今まで見たこともないような街並みが広がっていました。六本の道路が放射線状《ほうしゃせんじょう》に延び、そのどの道路にも緑豊かな並木道が広がっています。塀《へい》はすべて生《い》け垣《がき》で、日本の木造建築ではなく、洋風の建物が並んでいました。けれど、レンガやコンクリートの冷たい雰囲気はなく、自然のなかにすっぽり包まれたような心休まる街の姿《すがた》でした。

ここが東京だろうか、と思うような静かな街を散策《さんさく》していると、オシャレな喫茶店《きっさてん》が目につきました。

おとぎの国のようなお店で、一階にはかわいいケーキやお菓子《かし》が並んでいます。二階が喫茶室で、意匠《いしょう》を凝《こ》らしたヨーロッパ調の雰囲気《ふんいき》の部屋に案内されました。そこでいただいたケーキはもちろん、紅茶《こうちゃ》のおいしかったこと！　またこのお店に来たいね、と言いながら、田園調布の街並みを後にしました。渋沢栄一翁の願いが今も豊かに息づいているのを感じながら……。

次に足を向けたのは、兜町のビル街です。まず驚《おどろ》いたのは、聳《そび》え立っている東京証券取引所の建物でした。周囲《しゅうい》もまた、栄一が最初に手掛《てが》けたみずほ銀行内幸町《うちさいわいちょう》本部ビル（旧第一勧業銀行《かんぎょう》本店ビル、現在は解体《かいたい》）や生命保険《ほけん》会社などのビルが立ち並び、東京の経済都市の中心でした。ちょうど2020年東京オリンピックの開催《かいさい》日だったこともあり、ビル街に人影《ひとかげ》はまばらでしたが、ふと空を見上げると、ビルとビルの間に、抜《ぬ》けるような青空が広がっていました。

次に向かったのは、NHKの大河ドラマ「青天を衝《つ》け」にあわせて企画《きかく》された、北区飛鳥山の「大河ドラマ館」です。飛鳥山公園にあり、令和三年の二月から年末まで開館されていました。

JR王子駅で下車し、緑豊かな飛鳥山公園を十分ほど歩くと、三階建ての建物が見えてきました。コロナ禍で入場者は少なく、手の消毒《しょうどく》と検温《けんおん》がすむと、美しい二人の女性が近寄《ちかよ》ってきて「一万円札に貴女《あなた》の顔写真を入れてみられませんか?」。びっくりして返答に困《こま》っていると、渋沢の一万円札にあやかり、来場記念にいかがでしょうかとのこと。宣伝《せんでん》のためとはいえ商魂《しょうこん》たくましすぎでは? と断《ことわ》って、そそくさと別の会場へ方向転換《てんかん》。『論語《ろんご》』を座右《ざゆう》の書としていた渋沢は、あの世から苦笑《にがわら》いをしているのではないかと思いました。

二階の一室には、渋沢の名言が色紙に書かれ、額《がく》に入れ飾《かざ》られていました。それぞれに解《かい》説《せつ》がつけられています。

「心も知識《ちしき》も身体も行動もみがきつづけなければならない」

「調子が良いからといって気を抜《ぬ》かない、悪いことばかりだと落ち込《こ》まない、いつも同じ心がまえで、道理《どうり》に従《したが》うように心掛《こころが》けることが大切である」

そのなかに、心に残った言葉がありました。

「争いは絶対《ぜったい》になくすべきものではなく、世のためには必要なものである」

えっ！　争いが必要！　それはちがうんじゃない！　と思って解説を読んでみると、

「競争がないと国や社会はダメになってしまうと考えます。競争は人を成長させるという良い面もあるのです」とありました。

「いつも自分を温かく育ててくれた人たちには、心から感謝《かんしゃ》するが、私を、陥《おとしい》れようとしたり、悪口を言ったりした意地の悪い人たちにも感謝したい。そのお蔭《かげ》で、私は磨《みが》かれていきました。私の恩人《おんじん》です」

これが一番印象に残った言葉で、このマイナスをプラスに向ける「したたかさ」が、渋沢の成功の源《みなもと》だったのかもしれません。

このあと彼の生まれ故郷《こきょう》、埼玉県深谷市の渋沢栄一記念館に行き、講義室《こうぎしつ》で渋沢栄一とそっくりのアンドロイドによる講義を聞きたかったのですが、今回はコロナ禍で諦《あきら》めて、私が一番心打たれた「東京養育院」に行くことにしました。

彼が終生関わった「東京養育院」は、生活困窮者《こんきゅうしゃ》などを保護《ほご》するため、明治五年（一八七二年）に創設《そうせつ》され、彼は明治七年から養育院に関わり、明治十二年に院長に就任《しゅうにん》しました。

栄一は、九十一歳で亡《な》くなるまで、約五十年間、毎月誕生会《たんじょうかい》用のお菓子《かし》を持参して訪《おとず》れています。また、高齢者《こうれいしゃ》や子どものための養護施設《ようごしせつ》や、更生《こうせい》施設なども設置し、社会福祉事業を拡大していきました。

その志《こころざし》は「政治は仁《じん》をもって行わなければならない」という、論語の教えに基《もと》づいているのでしょう。

養育院は、明治二十二年に東京府営となり、平成二十一年（二〇〇九年）には「東京都健康長寿医療《ちょうじゅいりょう》センター」となっています。

「東京都健康長寿医療センター」は、東京都板橋区《いたばし》にありました。広々とした敷地《しきち》内のベンチには、高齢者の方々が、何やら楽しそうに語り合っておられ、緑豊かな木々の間を、杖《つえ》をつきながらゆっくり散歩をしている姿もありました。

コロナ禍で施設内には入れませんでしたが、のびのびとして開放感のあるセンターで、みなさんが楽しみながら過《す》ごしておられる雰囲気《ふんいき》が伝わってきました。

明治五年設立の「養育院」から現在の「東京都健康長寿医療センター」に至《いた》るまでの一五〇年の歴史《れきし》の重みを感じさせられました。

青い目の人形から、渋沢栄一や高松凌雲《りょううん》のことへ波及《はきゅう》し、横道にそれた感がありますが、どうしても二人の人間性《にんげんせい》をお伝えしたかったのです。彼らには、共通点が多々あります。きっとお気づきのことでしょう。

二人とも厳《きび》しくも温かい父親に育てられたこと、人一倍努力家で志《こころざし》が高いこと、彼らを引き立ててくれる優《すぐ》れた指導者《しどうしゃ》に出会ったこと（ともに徳川慶喜《とくがわよしのぶ》）。

その後の生き方にも、いくつかの共通点があります。社会的弱者に対しての温かい目線です。もう一つは、権力側《けんりょくがわ》におもねらず、名誉欲《めいよよく》や独占欲《どくせんよく》がないことです。

年齢は栄一が凌雲より四歳ほど年下ですが、彼は、岩崎弥太郎《いわさきやたろう》から二人で組んで大きな財力《ざいりょく》を得《え》、日本の国を動かしましょうと誘《さそ》われても、考え方の根本がちがうからと、キッパリ断《ことわ》り決別《けつべつ》しています。

凌雲は佐野常民《さのつねたみ》から、国立の赤十字社を立ち上げるので協力してほしい、との要請《ようせい》を受けましたが、自分は官《かん》に仕えるのではなく、市民とともに歩みますと、キッパリ断っています。その高潔《こうけつ》な志は見事で、二人の共通点だと思います。

また、栄一の「論語《ろんご》と算盤《そろばん》」の考え方、つまり自分一人が豊かになるのではなく、みんなが豊かになってこそ本当の幸福があるという理念《りねん》。それと凌雲の貧《まず》しい人からはお金をとらず、それが敵《てき》であっても一人の人間として分け隔《へだ》てなく治療した「博愛主義」と「赤十字精神」。このふたつは、共通していると感じました。

ふたりの人間性の豊かさは、今を生きる私たちにとって多くのことを教えてくれるように思います。

九州に残る青い目の人形

――それぞれの運命――

渋沢栄一と青い目の人形との出会い

渋沢栄一の懐《ふところ》の深さの源《みなもと》は、世界平和を真《しん》に願ったことだと思います。そのなかの一つが、八十六歳《さい》のとき「青い目の人形」の受け皿となったことです。

大正時代後半から昭和のはじめにかけて、日本とアメリカの間には、とげとげしい空気が漂《ただよ》っていました。渋沢は、そんな国際状況《こくさいじょうきょう》を大変憂《うれ》えていました。アメリカで排日運動《はいにちうんどう》が起こり、移民法《いみんほう》が改悪《かいあく》され、日米関係が悪化していたからです。

三度も渡米《とべい》して、アメリカ経済《けいざい》の仕組みなどを手本としてきた栄一です。何とか日米友好ができないものかと、心を痛《いた》めていました。八十歳をすぎた栄一は、今起こっている排日問《はいにちもん》題解決《だいかいけつ》のため、余生《よせい》を捧《ささ》げようとの思いを深めていました。

そんな折の大正十五年（一九二六年）春のこと、栄一のもとにニューヨークから一通の手紙が届《とど》けられました。差出人は、親しい友人のシドニー・ギューリック博士《はくし》でした。

日本へ贈られた青い目の人形（ジョージ・グランサム・ベイン・コレクション米国議会図書館蔵所蔵）

「米日《べいにち》の親善《しんぜん》のためには、子どものときからの親善が大切です。アメリカの子どもから、日本の子どもへ人形を贈《おく》りたいのです」という内容でした。

栄一は子どものように喜《よろこ》んで、さっそく「それこそ日米親善の懸《か》け橋《はし》となるでしょう。人形をお待ちしています」と返事を送りました。

それを機に、日米の児童親善に取り組む組織《そしき》を作ることを計画しました。

二人は、日米の対立が激《はげ》しくなっている時代だからこそ、それぞれの国で、平和への運動の大切さを説《と》き、外務省《がいむしょう》や文部省にも働きかけをしました。

栄一は昭和二年（一九二七年）「日本国際児童《こくさいじどう》親善会《しんぜんかい》」という団体《だんたい》をつくり、その会長となって「友情《ゆうじょう》人形」の青い目の人形の受け入れに力を注《そそ》ぎました。

シドニー博士は、日本の伝統的《でんとうてき》な行事「ひな祭り」を知っていたので、それに間に合うように贈ろうと決意します。そして「世界児童親善委員会」を設立し、会を通して「三月三日のひな祭りの日に、アメリカの人形を飾《かざ》ってもらいましょう」と呼びかけました。

この人形は「友情人形」や「人形大使」とマスコミでも取り上げられて、パンフレットや冊子《さつし》が用意され、団体や教会など、多くの人々に配布《はいふ》されました。この運動に共感《きょうかん》した人々が、学校や教会を中心に募金《ぼきん》やバザーを開いて人形の購入資金《こうにゆうしきん》を集めました。

この人形たちは、工場で大量生産されたものもありましたが、それだけではなく、自分の家にある大切な人形や手作りの人形なども持ち寄《よ》られ、日本への友情を伝える使節《しせつ》として寄贈《きぞう》されました。

女の子も男の子も、その両親や祖父母《そふぼ》も、教会の人たちなども、大勢《おおぜい》の人がこの運動に参加しました。こうして集まった人形の総数《そうすう》は、一万二七三九体にもなりました。

それは、子ども・赤ちゃん・看護師《かんごし》さん・ガールスカウト・ボーイスカウトなど、アメリカの人たちの生活や生き方を象徴《しようちよう》した人形たちでした。それぞれに手縫《てぬ》いの洋服を着せ、着替えや持ち物も作り、船のチケットやパスポートも持たせて、手紙を添《そ》えました。四十八の州の代表の人形も一体ずつ選ばれました。

アメリカの東半分の州の人形はニューヨークへ、西半分の人形たちはサンフランシスコへと運ばれました。友情人形というお客さまを運んだ船は全部で十隻《せき》でした。一九一四年（大正三年）に開通したパナマ運河《うんが》を通り、はるか彼方《かなた》の日本へ。太平洋の荒波《あらなみ》を越《こ》えて横浜港《よこはまこう》へと向かったのです。

それぞれの人形には、ギューリック博士《はくし》からの手紙が添えられていました。

「私《わたし》は何万ものアメリカの子どもたち、青年たち、そして年長者《ねんちようしや》もあなたの国の美しいひな祭りについて話を聞いていますので、日本という国に深い興味《きようみ》を持っていることをあなたに知って貰《もら》いたいのです。

アメリカの人々がこのような人形を贈っているのは、人形に託《たく》して、あなたや日本のすべての子どもたちに、喜《よろこ》びと幸せと健康と長寿《ちようじゆ》が恵まれるようにと私たちが願っていることを伝えたいからです。……あなたやあなたの姉妹《しまい》、友人がアメリカの人形を一緒《いつしよ》に喜《よろこ》んでくれるように、そしてあなたの国と私たちの国がいつまでも誠実《せいじつ》な友人であるように、心から願っています。

シドニー・L・ギューリック「(「みずま」第4集より)

盛大な歓迎式典

青い目の「友情人形」とこの手紙は、日本中に大反響《だいはんきょう》を巻き起こしました。

横浜港に着いた最初の人形たちは、出迎《でむか》えの人々とともに、小学校で行われる歓迎式典《かんげいしきてん》に出席します。ラジオ放送や楽隊《がくたい》に合わせて、文部省（現在の文部科学省）によって作られた「人形を迎《むか》える歌」を歌いながら、華々《はなばな》しく東京へ向かいます。

人形を迎える歌

一、海のあちらの　友だちの
真《まこと》の心の　こもってる

かわいい　かわいい　人形さん
あなたをみんなで　迎えます

二、浪《なみ》をはるばる　渡《わた》り来て
ここまでお出《い》での　人形さん
淋《さび》しいようには　致《いた》しません
お国のつもりで　いらっしゃい

三、顔も心も　おんなじの
やさしいあなたを　誰《だれ》が　まあ
ほんとの妹　弟と
思わぬものが　ありましょう

（作詞《さくし》・高野辰之《たかのたつゆき》）

東京では、日本橋《にほんばし》の三越《みつこし》デパートで迎え入れの式典が行われました。昭和二年（一九二七年）三月三日「ひな祭り」の日、明治神宮外苑《がいえん》の日本青年館講堂《こうどう》で、正式の歓迎式典《かんげいしきてん》が、皇《こう》室《しつ》や政財界《せいざいかい》、アメリカ大使館の方々を迎え、盛大《せいだい》に催《もよお》されました。

渋沢は「子どもたちが友情と善意《ぜんい》を、幼いうちに学んだら、いつまでもその心を、持ち続けることでしょう」と、あいさつをしました。

親善《しんぜん》大使の人形たちのおかげで「排日移民法《はいにちいみんほう》」で悪化していた「対米世論《よろん》」が好転《こうてん》し、日米親善の機運《きうん》が盛《も》り上がっていきました。

日本国際児童親善会

渋沢栄一は、八十六歳から青い目の人形と関わり、昭和二年（一九二七年）二月、八十七歳のときに「日本国際児童親善会」の会長となりました。アメリカからの友情人形を一時的な親善の熱気に終わらせるのではなく、アメリカへ日本人形（市松《いちまつ》人形）を贈ったら、もっと日米友好が続くのではないかと考えたのです。

日本青年会館にて開かれた日本国際児童親善会答礼人形送別会（渋沢史料館所蔵）

さっそく親しい友人で、当時、文部省の普通学《がく》務《む》局長であった関屋《せきや》龍吉《りゅうきち》氏のもとを訪《おとず》れ「アメリカへ人形の受け入れと歓迎の要請《ようせい》をして欲《ほ》しい」と伝えました。社会教育行政《ぎょうせい》に尽力《じんりょく》していた関屋さんは、アメリカ大使とも相談し、すべてを引き受け、受け入れの準備《じゅんび》を進めることになりました。

話は順調《じゅんちょう》に進み、クリスマスに間に合うように贈る計画が立てられます。そこで作られたのが日本を代表する五十八体の「答礼《とうれい》人形」でした。

アメリカから贈られた数からすると大変少ないのですが、少数でも、立派《りっぱ》な日本人形を贈ることにしようと考えたのです。

豪華《ごうか》な振袖《ふりそで》に金襴緞子《きんらんどんす》の帯《おび》をしめ、金銀をちりばめた美しい漆《うるし》の家具や、屏風《びょうぶ》や文箱《ふばこ》にお茶道具

日本国際児童親善会ニュー・ヨーク市役所前にて（昭和 2 年 12 月 28 日。渋沢史料館所蔵）

セットをそろえ、傘《かさ》や草履《ぞうり》などの身のまわりの品々も用意しました。タンスには着替《きが》えも詰《つ》め、手紙を添《そ》えて送り出すことになりました。

ギューリック博士は「返礼無用」と伝えていましたが、日本側の律義《りちぎ》さに感じ入り、受け入れることとしたのです。

昭和二年十一月十日、この贅《ぜい》を尽《つ》くした日本人形たちは、パスポートと一等乗船切符を持ち、盛大《せいだい》な送別を受けた後、日本郵船《ゆうせん》の新鋭船《しんえいせん》「天《てん》洋丸《ようまる》」で出航《しゅっこう》しました。

「いってらっしゃーい。お元気で」と大きな声で見送りました。

十一月十八日、ハワイのホノルル港に着いた答礼人形たちは、博物館の歓迎会《かんげいかい》に出席し、ハワイ島領事館《りょうじかん》や在米日本人など五〇〇〇名ほどの人たちから「ウエルカム」の大歓迎を受けました。

日本人形を見た在米日本人たちは、感激《かんげき》して人形の頭をなでながら、はるか遠い日本のふるさとのことを思い出し、望郷《ぼうきょう》の気持ちに感慨無量《かんがいむりょう》で、ポロポロと涙《なみだ》を流して喜《よろこ》びました。

歓迎式典では、日本とアメリカの少女があいさつを交わした後、松平駐米《ちゅうべい》大使があいさつをされました。

日本国際児童親善会ニュー・ヨーク市役所前にて（昭和２年12月28日。渋沢史料館所蔵）

「人形大使の役割《やくわり》は日本とアメリカの子どもたちを平和と愛の糸で結ぶ重要な使命を果たすことである。これらの人形は無言です。話しません。でも時には沈黙《ちんもく》は言葉よりも雄弁《ゆうべん》です。この人形たちも無言ですが、日本の子どもたちがアメリカの子どもたちと遊んでくれる友情の思いを、あなた方によくわかるように話しかけてくれるでしょう」

（「みずま」第４集より）

答礼人形たちは各地で盛大な歓迎を受けたあと、ニューヨークやボストンなど、それぞれの永住《えいじゅう》の地に向かい、無事にクリスマスに間に合いました。

こうして太平洋を越えてアメリカに渡った日本人形たちは、各地で大変喜ばれ、各州の博物館で大切に飾られました。

それから約十五年間、青い目の友情人形と、黒い瞳《ひとみ》の答礼人形は、アメリカと日本でそれぞれ幸せに暮らしていました。

思いがけない悲しい運命

この平和の使いの人形たちに、大きな悲劇《ひげき》が起こります。それは日本とアメリカの戦争です。昭和十六年（一九四一年）十二月八日、日本海軍がハワイの真珠湾《しんじゅわん》へ奇襲《きしゅう》攻撃《こうげき》し、太平洋戦争へと突《つ》き進んでいきました。

「友好と平和」の象徴《しょうちょう》だった青い目の人形大使たちも、その戦争の渦《うず》に巻《ま》き込《こ》まれていきます。せっかくギューリック博士と渋沢栄一氏が築《きず》きあげていた両国の国民の友情《ゆうじょう》が、引き裂《さ》かれてしまったのです。

日本政府《せいふ》や軍部は、国民の反米感情《はんべいかんじょう》や戦意を高めるために、あらゆる方法をとるようになります。法律《ほうりつ》を変え、新聞やラジオなどのマスコミを使って反米の感情をあおり、うその報《ほう》道《どう》で国民をだまし、憲兵《けんぺい》や特高警察《とっこうけいさつ》を使い、政府の考えに反対する人たちを捕《つか》まえたり、処《しょ》罰《ばつ》したりしました。

また、ベースボールやテニスといった英語は敵国語《てきこくご》として禁止《きんし》され、「鬼畜米英《きちくべいえい》」「欲《ほ》しがりません、勝つまでは」「贅沢《ぜいたく》は敵《てき》だ」などという標語が全国的に広まり、学校でも教え込《こ》まれていきました。

勉強も戦争に関する内容《ないよう》が増《ふ》え、戦争に勝つために、国のために、命を惜《お》しまない教育がなされました。このような求めに応《おう》じなければ非国民《ひこくみん》と言われ、日本国民のすべてが従《したが》わねばならないようになっていきました。

青い目の友情人形の悲劇《ひげき》は、これらの動きや風潮《ふうちょう》や気分によって、引き起こされていくことになります。

戦争は激《はげ》しさを増し、昭和十八年ごろから「平和の親善大使」であったはずの青い目の人形は、敵国の文化だとする軍部により、「竹やりで刺《さ》し、焼き捨《す》てよ」との、破棄《はき》命令が出されたのです。

ラジオからは、女性アナウンサーの放送が流れました。

「米国はわれわれ日本国民をだますために先年たくさんの人形を送ってよこした。あれはみな、安もののぼろ人形である。あんなものを今も持っている学校があったらすぐ焼き捨てるなり何なり、処分《しょぶん》すべきだ」

この放送を聞いて「青い目の人形大使」の実現《じつげん》に力を入れ、答礼人形に随行《ずいこう》してアメリカにも行かれた関屋《せきや》龍吉《りゅうきち》さんは、

「(少し前には同じ放送局から)アメリカ人形歓迎の放送をしていたのに。なんということか!」

と、思わず涙《なみだ》ぐまれたそうです。

勇《いさ》ましい軍歌が朝から鳴り響《ひび》くようになり、黒い襟章《えりしょう》をつけた憲兵《けんぺい》や警官《けいかん》が来て、

「この学校にも青い目の人形がいるだろう、子どもたちに、竹やりを持たせ刺《さ》し壊《こわ》し、焼き捨てよ」

と、校長先生に命令して帰りました。

昭和十八年二月、ある新聞は大きな見出しで「青い目をした人形　憎い敵だ許《ゆる》さんぞ　童《どう》心《しん》にきくその処分《しょぶん》」という記事を書いています。

その記事では、東北のある学校で「人形の処分」について子どもたちにアンケートをとったことを報じています。ほとんどの子どもたちが「壊せ、焼け、送り返せ、いじめろ、海へ棄てろ」と答えていました。そして最後に「敵愾心《てきがいしん》が童心にも根強《ねづよ》く織《お》り込《こ》まれていることを示《しめ》した」とまとめています。

贈られてきた当時、あれだけ盛大な歓迎会をして迎えた平和と友情の人形大使。それなのに一転して子どもたちの心に、このようなアメリカを敵とみなして、対抗する気持ちを起こさせる日本の軍部の教育と、それを報《ほう》じたマスコミの影響《えいきょう》の強さ、恐《おそ》ろしさを、今更《いまさら》ながら感じます。

断言《だんげん》はできませんが、アメリカでは焼かれたり壊されたりした人形はなかったようです。博物館や美術館には芸術品として展示されていました。しかし、二、三体は倉庫にしまわれたり、売却《ばいきゃく》されたりした人形もあったようです。

一方、日本では軍の命令でこのような気分や世論《よろん》が全国に広がり、子どもたちにも植え付けられ、「アメリカ憎《にく》し」の敵愾心が強まって、青い目の人形大使は、全国どの府県でも、竹やりで突かれたり、踏《ふ》まれたりして壊され、焼き捨てられていきました。

ところが、そのようななかで生き残った人形が、平成十四年（二〇〇二年）の調査《ちょうさ》で、日本全国で三〇六体確認《かくにん》されています。福岡県には二五九体の人形が贈られていましたが、なんと、三体だけ青い目の人形が生き延《の》びていました。久留米《くるめ》市のシュリーちゃんと嘉麻《かま》市のペッギィちゃん、糸島《いとしま》市のルースちゃんです。

この三体の人形たちは、どこで、どのようにして生き延びることができたのでしょうか。

城島小学校のシュリーちゃんの場合

生き延びたうちの一体は、旧三潴《みずま》郡城島《じょうじま》町（現在は久留米市）の城島《じょうじま》小学校のシュリーちゃんです。

私は、その人形がどのようにして贈られてきて、なぜ現在まで無事に生き残ったのか知りたい、人形にもぜひ会いたいと思い、勇気を出して城島小学校に電話しました。すると、教頭の田中先生が「資料《しりょう》をそろえてお待ちしています」と快《こころよ》く対応《たいおう》してくださいました。

平成三十年（二〇一八年）七月三日、指定されたこの日は、あいにく台風の前兆《ぜんちょう》で午後から風雨が激《はげ》しくなるとの予報《よほう》でしたから、早めに出かけました。

出迎《でむか》えの女性の先生に案内されて玄関《げんかん》を上がると、すぐ右側のガラスのショーケースから「私《わたし》、ここにいるわよ、待っていましたよ」との声が聞こえました。赤いチェックの大きな帽《ぼう》子《し》を被《かぶ》り、帽子とおそろいの洋服を着た愛くるしい女の子です。それがシュリーちゃんとの初めての出会いでした。

いつの間にか二人の男性の先生もそばに並《なら》んで立っておられます。思わず「先生、抱《だ》っこさせていただけませんか」と言うと、「申し訳《わけ》ありませんが、ケースの外からだけでお願いします。何しろシュリーちゃんは、もう九十七歳《さい》になっておりますので……」と。

シュリーちゃん

城島小学校に来たとき六歳だったというシュリーちゃん。それから約九十年、波乱《はらん》の中を生き抜《ぬ》いてきていたのです。歴史《れきし》の重みを感じながら目を移《うつ》すと、その左脇《ひだりわき》には大きな写真と説明文があり、宣教師《せんきょうし》シドニー・ギューリック氏とありました。ああ、この方が日米友好の架け橋を願って人形を贈《おく》られた方なのか……と、その情《なさ》け深い静かな雰囲気《ふんいき》の彼《かれ》の写真に、しみじみと見入りました。

「あちらで、ゆっくりお話しいたしましょう」と、冷房《れいぼう》の効《き》いた教室へ案内してくださったのは、田中教頭先生と道徳指導《しどう》の生島《いくしま》先生でした。

分厚《ぶあつ》い資料や、新聞の切抜《きりぬ》きなどを机に並べ、順を追って丁寧《ていねい》に説明してくださいました。

昭和二年（一九二七年）、福岡県に贈られた一二五九体の人形たちは、東京から列車に乗り、福岡県庁《けんちょう》で受け取りの式典がありました。県知事さんや議員さん、著名《ちょめい》な教育者の方々、小学校の代表の子どもたちなど、大勢の人々が参加した盛大な歓迎式典《かんげいしきてん》でした。それからそれぞれの小学校や施設《しせつ》へと向かったのです。

シュリーちゃんは、アメリカ世界児童親善会《しんぜんかい》から贈られていました。トランクを持っていて、その中には洋服や下着などの着替《きが》えが入れてあり、パスポートも持っていました。

城島小学校の講堂《こうどう》には、日米両国の国旗が飾《かざ》られ、多くのひな人形にも迎《むか》えられ、全校の生徒や町長さん、来賓《らいひん》の方々もみんなで平和と友情を願って、華《はな》やかに歓迎式典が開かれました。

親善大使として城島小学校に贈られてきた青い目の人形は、戦前までは作法室の三角棚《だな》の上に飾られていたそうです。そのころの日本の人形はほとんど着物姿《すがた》でしたが、シュリーちゃんは洋服を着ていました。そして抱《だ》き起こすと、つぶっていた目をパッチリ開けて「ママー」と声を出し、その目が青いのです。子どもたちは、ビックリ仰天《ぎょうてん》、どんなに驚《おどろ》いたことでしょう。

昭和十八年ごろ、城島小学校も、いつ焼夷弾《しょういだん》が落とされるかわからない状況《じょうきょう》になりました。敵国製品《てきこくせいひん》の排斥《はいせき》運動も活発になり、人形も見つかれば焼き捨てられてしまいます。城島小学校にも焼却処分《しょうきゃくしょぶん》の命令がありましたが、「人形に罪《つみ》はない、なんとか人形を守りたい」と、当時の校長先生や学校関係者の人たちが、軍の命令に反し、重要書類とともに箱詰《はこづ》めにし、押《お》し入《い》れの隅《すみ》にこっそり隠《かく》されました。また、緊急時《きんきゅうじ》にはいつでも運び出せるようにもしていたそうです。

戦争が敗戦で終わると、進駐軍《しんちゅうぐん》の検査《けんさ》を逃《のが》れるために、裁縫室《さいほうしつ》の押入れにミシンなどと一《いっ》緒《しょ》に厳重《げんじゅう》に包んでカギをかけて隠しました。そのため没収《ぼっしゅう》からは免《まぬか》れることができましたが、人形のことは忘れられていきました。

ところが昭和二十八年、集中豪雨《ごうう》により筑後川《ちくごがわ》が氾濫《はんらん》するという大水害が起き、城島小学校も大きな被害《ひがい》を受けたのです。

そのとき、水浸《みずびた》しの書類と一緒に、古い木箱が出てきました。木箱の裏《うら》には、何とか読み取れる墨字《すみじ》で、

「寄贈《きぞう》　米国世界児童親善会　昭和二年三月二十二日　着」

と書かれていました。これによって、この木箱の中の人形は、まちがいなく親善大使の人

形と確認《かくにん》されたのでした。けれど、水害で水浸しになったため、ドレスも帽子も着替えも下着も、ボロボロになっていました。その後、ボロボロの洋服ではかわいそうだということになり、先生方の手で新しい洋服が着せられました。パスポートは、水害のときに流されたのでしょう、行方不明で名前もわかりません。名前がわからないまま、人形は校長室に飾られていました。

平成十六年（二〇〇四年）、城島町が全国的にも有名な酒処《さけどころ》であることに因《ちな》んで「酒の里《しゅり》」だから「シュリーちゃん」と命名されたとのことでした。

城島小学校の子どもたちは、総合《そうごう》学習の時間や道徳の学習に、シュリーちゃんを生きた教材として、平和の大切さや友情の美しさなど、多くのことを学んでいます。

大隈小学校のペッギィちゃんの場合

二体目の人形は、旧嘉穂《かほ》郡嘉穂町（現在は嘉麻《かま》市大隈《おおくま》町）の大隈小学校（現在は嘉穂小学

大隈小学校の歓迎式典（昭和２年５月、提供：大隈小学校）

校）のペッギィちゃんです。横浜《よこはま》の港に着いたペッギィちゃんは、昭和二年（一九二七年）に大隈小学校へやって来ました。

ペッギィちゃんはセルロイドではなく、木くずを固めて油性塗料《ゆせいとりょう》で仕上げられた身長四十センチほどの人形です。寝《ね》かせると目をつぶって眠《ねむ》り、体を起こすと、やはり「ママー」と声をあげるかわいいお人形で、衣《い》装《しょう》トランクには、何枚もの着替《きが》えの洋服を持っており、パスポートもちゃんと持っていました。

大隈小学校では、講堂《こうどう》で盛大《せいだい》な歓迎会《かんげいかい》が開催《かいさい》され、両手に日の丸の旗や星条旗《せいじょうき》を持った子どもたちが、先生のタクトで「青い目の人形」を合唱しました。大きなアメリカの国旗と日本の国旗が交差された前で、記念撮影《さつえい》もありました。

校長先生は「世界の平和は子どもから」と、ペッギィちゃんが親善《しんぜん》のお使いとして学校を訪《おとず》れてきたことを話されました。みんなでペッギィちゃんに歓迎のお手紙を書きました。「遠い国からよく来てくれましたね」と。

ペッギィちゃんは、ひな祭りなどの学校の行事に大活躍《だいかつやく》。子どもたちはもちろんのこと、大人たちからも平和の人形大使として親《した》しまれ愛されました。

そんな楽しい年月が十六年ほど続いたある日、敵国《てきこく》の人形は殺《ころ》すようにとの命令がきたのです。竹やりで刺《さ》し壊《こわ》せと……。

ペッギィちゃん

苦しんだ校長先生は、職員《しょくいん》会議でその命令を伝えました。職員室は重苦しい空気に包まれていました。そのとき、女学校を出たばかりの縄田《なわた》マツエ先生が立ち上がりました。

「校長先生！　私にペッギィちゃんを預《あず》からせてください。人形を刺して焼いたからといって、戦争に勝つとは思えません」

先生たちはマツエ先生の言葉に深く感動し、温厚《おんこう》な校長先生も頷《うなず》きながら言いました。

「軍や警察には始末《しまつ》したと報告《ほうこく》しておきます。先生に迷惑《めいわく》がかからぬよう……、これは、内密《ないみつ》にしておきましょう」

こうしてペッギィちゃんは助けられました。

昭和十八年、マツエ先生はお嫁《よめ》にいかれました。そのとき、ペッギィちゃんは、弟さんの福沢延一郎《ふくざわえんいちろう》さんに、くれぐれも安全に保管《ほかん》するようにと託《たく》されました。

それから二年後の昭和二十年、日本は無条件降伏《むじようけんこうふく》をすることになり、戦争は終わりました。

その間、愛されたり憎《にく》まれたりした青い目のペッギィちゃんは、弟さんの家の押入《おしい》れの中で、ひっそりと守られていました。

その後、敗戦国の日本は目覚《めざ》ましい復興《ふつこう》を遂《と》げました。

四十年ほど経《た》った昭和六十一年、弟の福沢さんはペッギィちゃんを嘉穂町の郷土資料館《きようどしりようかん》（現在の嘉麻市嘉穂ふるさと交流館）へ寄贈《きぞう》しました。

再びペッギィちゃんは平和の使節として、町の人々の前に姿《すがた》を見せたのです。このニュースを最《もつと》も喜《よろこ》ばれたのは、戦争でご主人を亡《な》くされ、六十歳になっておられたマツエ先生でした。先生はすぐに資料館へ会いに行かれました。「よく生き残ってくれましたね」と先生はペッギィちゃんを抱《だ》きしめました。ペッギィちゃんも「ママー」と言って大きな青い目を見開いてマツエ先生を見つめました。どんなになつかしく、うれしかったことでしょう。

郷土資料館に移ったペッギィちゃんは、「嘉穂町の資料館へ、軍の弾圧《だんあつ》に耐《た》えて、青い目の人形は生きていた」と大きな新聞記事となりました。今も変わらぬほほえみを浮《う》かべて、町の人々に愛されています。

可也小学校のルースちゃんの場合

三体目は、旧糸島《いとしま》郡志摩《しま》町（現在は糸島市）の可也《かや》小学校のルースちゃんです。

ルースちゃんは、カルフォルニア州からやってきました。身長三十六センチ、えんじ色の

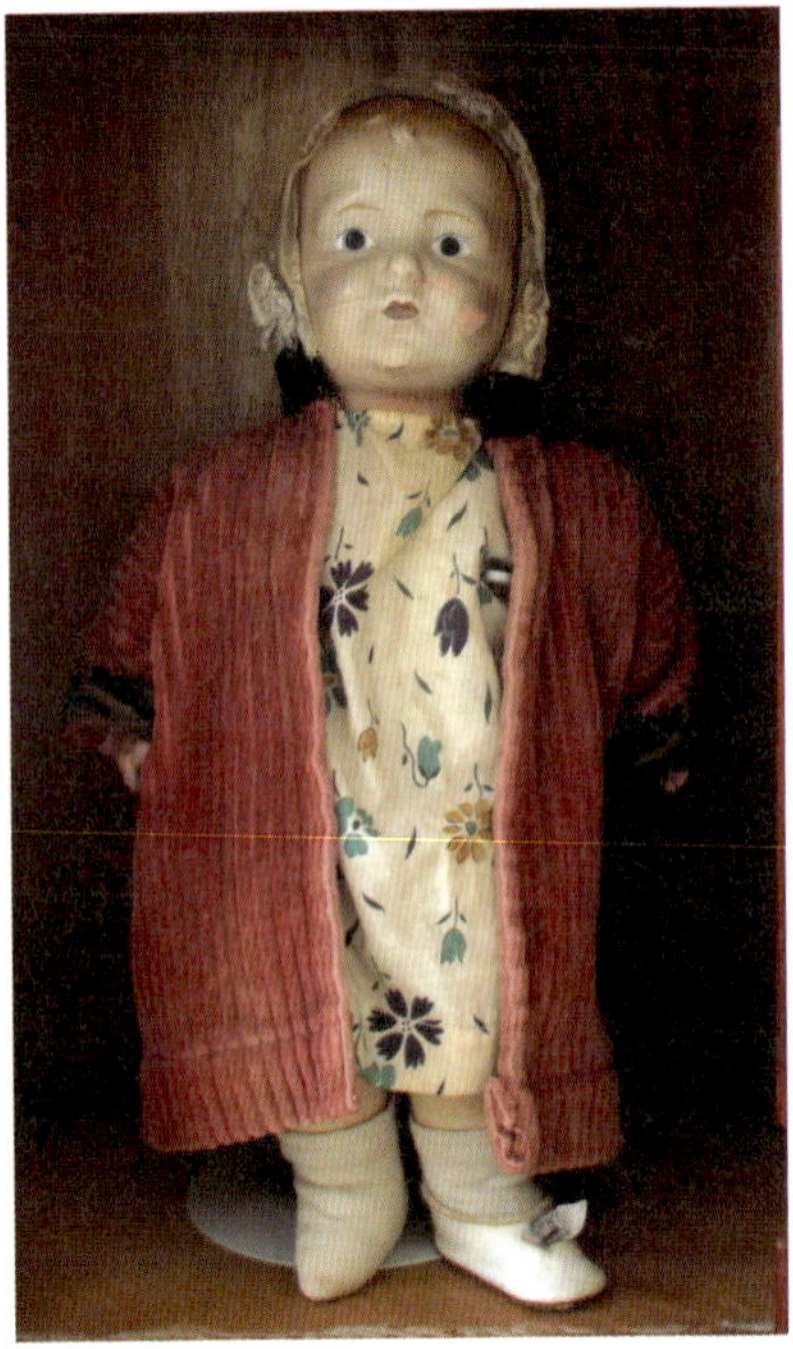

可也小学校のルースちゃん

コーデュロイのコート、レース編《あ》みの帽子《ぼうし》を頭にのせていました。このあどけない姿《すがた》でルースちゃんは昭和二年（一九二七年）、可也小学校にやってきたのです。子どもたちはルースちゃんに、歓迎《かんげい》のお手紙を書きました。

一年生の関皐月《せきさつき》さんの作文

「ルースサン　アナタハ　ヨクトホイトコロカラキマシタネ、ワタシタチハ　ルースサンヲ
ムカヘ　テ　ミンナ　ヨロコンデ　ガクゲイクワイヲイタシマシタ、ルースサンヲミンナデ
カワイガリマセウ」

三年生の奥中《おくなか》さんの作文『ルースさんをむかへて』

「とおいとおいアメリカから、はるばると日本の国にいらっしゃったあのかわいいルースさ

ん、目のパッチリしたルースさんをみた時、私はすぐにだきしめたいような気持ちになりました。

ルースさんはほんとにかわいらしい人形さんです。ルースさんは私の妹です。私はあのかわいいルースさんと二人で、いつまでもたのしく歌をうたい話をしてあそんでみたいと思います。

私はルースさんが一番すきです。とおいアメリカのしたしい皆さま、ルースさんはあなたがたの妹でしたのね。それを私たちにおくってくださいました。私はルースさんのおねえさんです。これからはあなたたちにかわってかわいがります。私のだいすきなルースさんをおくってくださいました。とおいアメリカの皆様《みなさま》いつまでも私たちの仲のよいともだちになってください」

四年生の山鹿《やまが》健次くんの作文『ルースさんの歓迎会』

「……勇《いさ》ましい呼集《こしゅう》ラッパの合図《あいず》で全校《ぜんこう》六百の私たちは、ルースさん歓迎の場所である講堂《こうどう》に入った。誰《だれ》の顔もにこにこして居《い》る。正面《しょうめん》には美しい万国旗《ばんこくき》がひらひらと涼《すず》しくはりまわされた中に日の丸の旗とアメリカの旗とが仲《なか》よく手をとりむすんでいるのが目立って見える。ルースさんはその下で日本のおひなさんやたくさんの人形にとりまかれてにぎやかなお迎《むか》えを受けてある。

私は校長先生から、ルースさんが日本の人たちと仲よくあそびたいため、あの広い広い太《たい》平洋《へいよう》の大波《おおなみ》を渡《わた》って、この学校にお出《いで》なさったことを聞かされて大へんうれしく思ひました。私はルースさんには、なつかしいお母さんやお父さんもあることと思ひます。それにこんな淋《さび》しい所へこられたのですから、さぞ淋しいことやかなしいことがあることと思ひます。けれどもアメリカの少年少女諸君《しょくん》にたいして、ルースさんにそんな心持《こころもち》のおこらないやうにしなければすまないと思ひました。私たちは、ルースさんをなぐさめるために、盛大《せいだい》な学芸会《がくげいかい》をいたしました。それはそれはたいへん面白《おもしろ》いものでございました。ルースさんは言葉がちがふからよくわからなかったでせう。それからアメリカの少年少女の人に歓迎会のようすを写真《しゃしん》にとって送られることにされました」

（「みずま」第4集より）

八女《やめ》市の詩人で教育者であり、私の恩師《おんし》でもある椎窓猛《しいまどたけし》先生は、著書《ちょしょ》『ベッキィちゃんの戦争と平和』で、ルースちゃんの運命を次のように書かれています。

昭和十八年……日本の戦局《せんきょく》は暗く、敗戦の色が濃《こ》くなりつつある頃《ころ》のことです。可也小学校の校庭では、青い目の人形ルースが竹竿《たけざお》に吊《つ》るされていました。金髪《きんぱつ》の、いつもと変わらないあどけない青い目のルースです。

竹竿の下の方には火が燃《も》やされています。用意された九本の竹槍《たけやり》。刺《さ》し手は選ばれた男の子たち九人。そこへ最上級生たちの声です。

「敵国《てきこく》、アメリカの人形は刺《さ》し焼《や》き捨《す》てろ！」

「スパイ人形は壊《こわ》せ！」

「突《つ》け！」

すると突然《とつぜん》、

「だまれ！　おまえたちはこの人形の心が分からないのか！　たった一人で太平洋を渡《わた》ってこの可也の学校へ来て、今、泣いているルースが分からないのか！」

牧田先生が竹槍を手にしています。

「私がやる。お前たちには突かせない」

と叫び、竹竿に吊るされたルースの前に出ました。

朝礼台の上に立った吉村校長。その横には教頭先生がいて、合図を出します。

「一……。二……。三……」

生徒が号令に声を合わせます。全校生徒も先生たちも、声が緊張感《きんちようかん》を帯びてきました。

「四、五……」

歓迎式の日から、ルースを大事にしてきた毎日が目に浮《う》かびます。

「六、七、……」

子どもたちの顔色がしだいに変わってきています。嗚咽《おえつ》の声が漏《も》れだしました。

「八……、九……」

「十……」の声がでる直前、吉村校長の突然の声です。

「やめ！」

その声に牧田青年教師は夢《ゆめ》から覚《さ》めたような気になって、竹槍をおろし、周囲《しゆうい》を見回しました。そこには、涙《なみだ》をこぼす子どもたちの顔です。嗚咽の声も耳にします。そこへ、

吉村校長は再度《さいど》、

「終わり！」

「処分式《しょぶんしき》は終わりです。歓迎式で迎えた牧田先生の手によってルースは処分されました。このことをしっかり胸《むね》の奥《おく》にしまって、外で口にしてはいけません。さあ、みんなこれで解散《かいさん》！」

ぼうぜんと立つ牧田先生の前を校長先生は通り過《す》ぎ、吊るされたルース人形を降《お》ろし、先生たちを前にして――、

「私にはルースの声が聞こえた。平和を望む切《せつ》なる声が……。人形には罪《つみ》はない。そして、子どもにも罪はない。純粋《じゅんすい》な子どもたちの気持ちを大人の都合《つごう》によって汚《けが》すことはできない。牧田先生、子どもの心は純粋《じゅんすい》だな……。私もようやくあのときの子どもたちの純粋な心に触《ふ》れることができた。……

ルースは君に託《たく》されるべきだ。この作文といっしょに人の目にふれぬ場所へ。そしてそれは決して口にするな。今日のことはみな心の奥底にしまいこもうではないか。ルースのことはこの長い可也校の歴史から消えたのだ。賢明《けんめい》な可也小の先生たち。これで終《しゅう》

了《りょう》」

戦争が終わって三十四年が経《た》った昭和五十四年、学校の改築《かいちく》がなされました。旧校舎《きゅうこうしゃ》を取り壊《こわ》したとき、裁縫室《さいほうしつ》の天井《てんじょう》の奥から、木箱の中に入った青い目の人形と、色あせた人形歓迎会の作文の束が新聞紙に包まれて出てきました。ルースちゃんと、子どもたちが歓迎会で書いた作文でした。

平和の大使だったルースちゃんは、戦争のため三十六年間も学校の屋根裏《やねうら》に潜《ひそ》んでいなければならなかったのです。でも、勇気ある吉村校長先生と牧田先生のおかげで、天井裏で生き延《の》びることができたのでした。

学校では、年に一度「ルース人形」についての話を担任《たんにん》の先生から聞きます。そして校長室前の廊下の棚《たな》の中のルースちゃんに「ありがとう」と声をかけています。

月日が流れ、平和な時代が続いています。そんな折、可也小学校にひとりの高齢の男性が時々訪《おとず》れて、棚の中のルースちゃんをじっと見つめています。そして静かに立ち去っていくのです。誰《だれ》もこの老人がルース人形を匿《かくま》った牧田先生とは知りませんでした。

椎窓猛先生は『ベッキィちゃんの戦争と平和』の最初に、次のようなメッセージを添《そ》えられています。

戦争はぜったいにしないで　いのちをたいせつに　みんな仲よく平和に

希望をもち　明るく生きる　よろこびを！　しあわせを！

大隈小学校のペッギィちゃんの今

戦争の時代を越《こ》えて生き残ったペッギィちゃん。それは昭和十八年（一九四三年）「敵国《てきこく》の人形は焼《や》き捨《す》てよ」との軍の命令に背《そむ》いて、自宅に密《ひそ》かに匿《かくま》われた縄田《なわた》マツエ先生の勇気ある行動のおかげでした。マツエ先生から託《たく》された弟の福沢延一郎《ふくざわえんいちろう》さんの家で長いことひっそりと保管《ほかん》されていたペッギィちゃんは、昭和六十一年、嘉穂《かほ》町の郷土《きようど》資料《しりようかん》館（現在の嘉麻市嘉穂ふるさと交流館）に寄贈《きぞう》されました。平和な時代がきて、ペッギィちゃんはやっと再び嘉穂町の人たちに、かわいい姿《すがた》を見せることができたのです。

その後のペッギィちゃんは、どうしているのかな、と会いたくなりました。

平成二十六年（二〇一四年）四月、嘉麻《かま》市の五つの学校が統合して嘉穂小学校が開校しました。そのなかに大隈《おおくま》小学校もありました。

令和元年（二〇一九年）、夏休みに入って間もない七月二十五日、嘉穂小学校へ電話をして、

「ペッギィちゃんに会いたいのですが、嘉穂の郷土資料館にいますか？」

とおたずねすると、電話に出られた市川《いちかわ》先生が、

「今、ペッギィは、この嘉穂小学校にいますよ。いつでもどうぞ」

とのこと。郷土資料館にいるものと思っていた私は、ビックリしながらも嬉《うれ》しく、

「ぜひ、会わせてください」

そうなると早く会いたいという気持ちが高まって、さっそく七月二十九日にうかがうことを快諾《かいだく》していただきました。

子どもたちに本のすばらしさを知ってほしいという思いから「くまさん文庫」を開いている私は、スタッフの会員の運転で、小郡《おごおり》市のわが家を九時半に出発、嘉麻市に向かいました。

外気温度は三十三度を超《こ》す暑さ。でもクーラーの効《き》いた車内は快適《かいてき》。遠方の山々を眺《なが》めながら、いくつもの雑木林《ぞうきばやし》や竹林を抜《ぬ》けた遠賀川流域《おんががわりゅういき》には、広々とした田園地帯が広がっていました。一度も行ったことがない場所なので、私たちはずいぶん遠いなあと感じながら、尋《たず》ねたずねして、何とか約束の十一時に到着《とうちゃく》しました。

新しい学校は、馬見山《うまみやま》、屏山《へいざん》、古処山《こしょさん》などに囲《かこ》まれた豊《ゆた》かな自然の中にありました。周囲《しゅうい》に保育園《ほいくえん》、中学校、図書館などが併設《へいせつ》されており、学園都市の中心という感じでした。大きな体育館からは、夏休み中にもかかわらず、部活動をしているのでしょう、子どもたちの元気な声が聞こえてきます。真新しいモダンな円形の建物に向かって行くと、市川教頭先生が玄関《げんかん》に出迎《でむか》えてくださっていました。案内されたメモリアルホールは、木の香りのする温かい雰囲気《ふんいき》で、円形の建物に沿《そ》って展示室《てんじしつ》が作られており、五つのコーナーに仕切られていました。

五つに区切られた展示室には、統合《とうごう》したそれぞれ学校の歴史《れきし》を感じさせる個性豊《こせいゆた》かな思い出の品々が、ところ狭《せま》しと展示され、各学校の全景写真を背景《はいけい》に、校旗はもちろん、自慢《じまん》の優勝旗《ゆうしょうき》や優勝カップなどが展示されています。

その一番奥《おく》のコーナーに、太くずっしりした墨字《すみじ》で「大隈小学校」と書かれた大きな木製《もくせい》の「表札《ひょうさつ》」がありました。きっと学校の門柱《もんちゅう》に掛《か》けてあったのでしょう。ああ、ペッギィちゃんは、この表札の門をくぐって来たのだなあ、と感慨《かんがい》ひとしおでした。

ペッギィちゃんが郷土資料館から移ってきたのは、嘉穂小学校となり、メモリアルホールができたときでした。ペッギィちゃんは、そのコーナーの部屋の中で、木枠《きわく》の人形ケースに入って、青い目をパッチリ見開いて迎えてくれていました。

「まあ、かわいい!」と思わず声をあげました。ペッギィちゃんの足元には、宣教師《せんきょうし》ギューリック氏の写真と、アメリカからの手紙が置いてありました。

市川先生は、コーナーの窓《まど》を開けて、ペッギィちゃんを出してくださいました。

「こんにちは。ペッギィちゃん、お会いしたかったですよ」

よく無事《ぶじ》に今まで……と、愛《いと》おしくて抱《だ》きしめたい気持ちを抑《おさ》えて、人形ケースの中のペッギィちゃんをそっと眺《なが》めました。ペッギィちゃんは、身長は四十センチくらい、金髪《きんぱつ》でオレンジ系の赤いブラウスにフリルが二段についている濃《こ》い茶色のスカートをはいて、ちょっと小首をかしげています。その仕草《しぐさ》がなんともかわいいのです。

「このお洋服は初めから着ていたものですか」とおたずねすると、

「いいえ、ボロボロになっていたので、マツエ先生の弟さんの奥様《おくさま》が作って、着替《きが》えさせられたものです」

そうでしょうね。日本に来て、九十二年にもなるのですものね。市川先生と会話しつつ、ペッギィちゃんと一緒《いっしょ》に写真を撮《と》りました。足元に置かれているアメリカからの手紙には、次のように書かれています。

日本の少年少女方へ

ペッギィを紹介《しょうかい》いたします。

ペッギィは立派《りっぱ》なアメリカ国民《こくみん》でありまして、アメリカの友情《ゆうじょう》を御願《おねが》いするため、1927年3月のひな祭《まつり》を見に日本に渡《わた》ったのであります。

ペッギィはアメリカの少年少女を代表《だいひょう》して皆様《みな》にご挨拶《あいさつ》を申しあげます。皆様方ペッギィが日本に居《い》ますあいだ、どうか可愛《かわい》がってやって下さい。

必要な保護《ほご》と助力は、いとわないで下さい。彼女は御国《おくに》の法律《ほうりつ》にも習慣《しゅうかん》にも良く従《したが》うものであります。

どうぞよろしくお願いいたします。

米国の小父《おじ》さんより

この手紙を読んで、胸《むね》にぐっと迫《せま》るものがありました。かわいいペッギィちゃんを娘《むすめ》のように思う、おじさんの気持ちが、痛《いた》いほど伝わってきたからです。

ところが、日本とアメリカが戦争状態《じょうたい》に入ると、軍部は日本全国に「敵国《てきこく》の人形は焼き捨《す》てよ」との命令を出しました。ペッギィちゃんもアメリカのおじさんも、どんなにつらかったことでしょう。

しかし、幸運《こううん》にもこの学校には女学校を出たばかりのマツエ先生が勤務《きんむ》されていました。マツエ先生はペッギィちゃんが大隈小学校にやって来たときは、まだ小学生で「ようこそ、ペッギィちゃん」と、日の丸やアメリカの国旗を手に歓迎《かんげい》し、作文を書いたり「青い目をしたお人形は……」と歌ったり、講堂《こうどう》で行われた盛大《せいだい》な歓迎《かんげい》式典に出席していたと思います。寝《ね》んねさせると静かに目を閉《と》じ、起こすと「ママー」と言って目を開けるペッギィちゃんと、ビックリしながらも遊んだことがあったことでしょう。そんな思い出があったからこそ、命をかけてペッキーちゃんを守られたと思います。

その後、嘉穂町郷土資料館に寄贈《きぞう》されたペッギィちゃんのことが、新聞やラジオで伝えられたのがきっかけとなり、ペッギィちゃんと一緒《いっしょ》に日本全国に贈《おく》られた「青い目の人形大使」は、その後どうなったのだろうかと、調査《ちょうさ》が始められたそうです。

調査を進めたのは、甲府《こうふ》市の小学校教師・石丸《いしまる》阿武子先生たちで、調査の結果、昭和二年に日本全国に贈られた人形は約一万二〇〇〇体とわかりました。軍の命令でほとんどの人形は焼却処分《しょうきゃくしょぶん》されていましたが、平成十四年の調査の結果、危機《きき》を免《まぬか》れた人形は、日本に三〇六体でした。二一五体は、以前、日本の植民地《しょくみんち》であった樺太《からふと》（サハリン）、台湾《たいわん》、中国・関東州（遼東《りょうとう》半島、満州《まんしゅう》南部）などで保護《ほご》されていました。

九州には一三九〇体が贈られていますが、現存《げんぞん》しているのは、佐賀に一体、長崎二体、熊本二体、大分五体、宮崎一体、鹿児島と沖縄は残念ながら一体もなく、福岡の三体を加えて、わずか十四体でした。

昭和から平成に移《うつ》った年の夏、青い目の人形大使たちのアメリカへの里帰り計画が始まりました。

ペッギィちゃんたちの里帰りの日は、平成元年八月二十一日と決まり、夏休み中でしたが、大隈小学校では子どもたちが登校して、手紙や人形の絵を描《か》いたり、日の丸やアメリカの星《せい》条《じょう》旗《き》を作ったりして壮行会《そうこうかい》を行いました。

里帰りするペッギィちゃんの気持ちを、当時の伊佐《いさ》校長先生が代弁し「学校通信」に次のように書かれています。

「大隈小学校のお友だちのやさしい気持ちや、いままで私を大事にかわいがってくださった皆《みな》さんのことを、私の生まれたアメリカのお友だちにおつたえしてきます。

私が帰ってくるまで、まっててネ」

アメリカに着いたペッギィちゃんたちは、十月二日、ワシントンのキャピタル子ども博物館から始まり、ニューイングランドやロサンゼルスの子ども博物館で開催《かいさい》された展示会に参加し、サンフランシスコなどでも大歓迎を受けました。

ペッギィちゃんの生まれ故郷《こきょう》のアーカンソー州では、州知事から米日の友好の絆《きずな》となったことに感謝《かんしゃ》され、六十二年ぶりの里帰りを無事に果たしました。明けて平成二年二月十四日、大隈小学校の子どもたちの出迎《でむか》えを受けて、元気に学校に帰ってきました。

里帰りを果たして帰ってきたペッギィちゃんは、今も子どもたちの元気な「おかえりなさい」「おはよう」「さようなら」といったあいさつを受けながら、ほほえんでいます。

当時の校長だった豊福貴義《とよふくたかよし》先生は、当時のアーカンソー州知事で後に大統領《だいとうりょう》となったビル・クリントンさんから感謝《かんしゃ》の手紙をもらい、大切にそれらの手紙をスクラップブックに保管《ほかん》されていました。市川先生は、それらの資料《しりょう》を豊福先生から借りてこられていたのでしょう、英語で書かれた手紙や新聞の切り抜《ぬ》きなど、貴重《きちょう》な資料がたくさん綴《つづ》られたスクラップブック二冊《さつ》を見せてくださいました。時間的にゆとりがなく、しっかり資料に目を通すことはできませんでしたが、「ペッギィ略年表《りゃくねんぴょう》」などをコピーしていただきました。

展示室のケースの中にアーカンソー州の小さな赤い州旗が立てかけてあり、そのそばにペッギィちゃんが立っていました。

市川先生がペッギィちゃんをケースに戻《もど》すとき、木の箱を少し寝《ね》かせるようにされたら、目が静かに閉《と》じていきました。木箱を起こすと、またパッチリ目を開きます。けれど当時九十五歳《さい》のペッギィちゃんは、残念ながら「ママー」とは言いませんでした。

その後も、「日米親善《しんぜん》ペッギィ人形帰国歓迎国際交流会《かんげいこくさいこうりゅうかい》」が開催《かいさい》されるなど、アメリカと大隈小学校の交流は、ペッギィちゃんによって続けられています。

ペッギィちゃんは平成二十五年七月二十日から九月一日まで、嘉麻《かま》市の碓井《うすい》平和祈念館《きねんかん》で開かれる「子どもたちと戦争展」へ出演《しゅつえん》することになりました。

このときのテーマは「この夏、戦争について考えてみませんか」。

ペッギィちゃんは、ゲスト出演を依頼《いらい》されたのでした。

当時の嘉穂小学校の福永校長によると、昭和二年、ペッギィちゃんと一緒にハナミズキも贈られていたそうなのです。しかし戦争が始まると、この木も、青い目の人形と同じように、敵国《てきこく》の木として切られたり焼かれたりしました。

ハナミズキは北アメリカ原産《げんさん》で、花言葉は「永続性《えいぞくせい》」「返礼《へんれい》」「私の想いを受け止めてください」です。実は、明治四十五年（一九一二年）に日本がアメリカに桜《さくら》を贈った返礼として、大正四年（一九一五年）にも贈られていました。桜は首都ワシントンのポトマック河畔《かはん》に植えられ、戦争時にも伐《き》られることはなく、今も人々を楽しませています。

大隈小学校が統合《とうごう》され嘉穂小学校となったとき、その開校を記念してハナミズキが米国領《りよう》事館《じかん》から寄贈《きぞう》され、平成二十七年二月に植樹《しょくじゅ》式典が開催されました。ペッギィちゃんの縁《えん》で、友好の絆を深められたのです。このハナミズキは、嘉穂小学校で今も緑の葉をいっぱいに広げてすくすくと育っています。

平成二十九年には「朗読《ろうどく》音楽劇《げき》——青い目の人形によせて」と題して、戦争をテーマとした公演《こうえん》も行われました。

嘉麻市の戦争記録をもとに作られた朗読音楽劇で、朗読の間に合唱《がっしょう》を織《お》り交《ま》ぜた五部構成《こうせい》になっており、ペッギィちゃんの波乱《はらん》に満ちた運命を紹介《しょうかい》しています。

大隈小学校に贈られ、嘉穂小学校となった今も残っている青い目の人形のペッギィちゃんの逸話《いつわ》をもとに、地元の戦争の記録を織り交ぜながら、戦争と平和について、今も語り継《つ》がれています。

これからもペッギィちゃんは嘉穂小学校の伝統《でんとう》を伝え広める使者として、メモリアルホールを訪れる人たちにほほえみかけてくれるでしょう。

「ペッギィちゃん、ありがとう、お会いできて嬉《うれ》しかったですよ。さようなら」とお別れのあいさつをして、メモリアルホールを後にしました。

シュリーちゃんのもとに来たジーニーちゃん

平成三十年（二〇一八年）七月に会いに行ったとき、大きなフリルの帽子《ぼうし》をかぶってケースの中から、ほほえみかけてくれたシュリーちゃん。心ある校長先生や教師のみなさんが軍の命令に背《そむ》いて、押入《おしい》れの奥《おく》に隠《かく》され、守られていたシュリーちゃんは、平和学習の生きた教材として、今も子どもたちに多くのことを学ばせていました。

宣教師《せんきょうし》のシドニー・ギューリック博士や、渋沢栄一氏たちの日米友好への思いだけでなく、戦禍《せんか》からこの人形大使を守った先生方の平和への願いを伝えながら、シュリーちゃんは今も城島小学校《じょうじま》の宝《たから》として大切にされていました。

平成十五年八月、嘉穂《かほ》町（現在の嘉麻《かま》市）で「平和を考える企画展《きかくてん》」が開催《かいさい》されるというニュースを知った城島小学校の元校長の牟田口達郎《むたぐちたつろう》先生や、教育長の田島先生たちは、嘉穂小学校のペッギィちゃんとシュリーちゃんを対面させ、平和の大切さを訴《うった》えたいと考えました。この考えは嘉穂町でも喜《よろこ》んで受け入れられ、二体の人形は、戦争を乗り越《こ》えて、七十六年ぶりに再会しました。

シュリーちゃんは、チェックの涼《すず》しげな帽子と、おそろいの半袖《はんそで》の洋服を着て、ペッギィちゃんとの面会に出かけて行ったということです。ふたりが仲よく並《なら》んだ記念写真は、なんとかわいく、ほほえましいことでしょう。平和の象徴《しょうちょう》のような心あたたまる雰囲気《ふんいき》にあふれています。

平成二十七年十月二十八日、城島小学校のシュリーちゃんのもとに、新しい人形が届《とど》きました。その人形には、次のようなメッセージが添《そ》えられていました。

「日米友好の架《か》け橋となったシュリーちゃん、長いことお疲《つか》れ様でした」

送り主は、友情《ゆうじょう》人形の生みの親であるシドニー・ギューリック博士の孫《まご》で、ギューリック三世ご夫妻《ふさい》でした。ご夫妻は、祖父《そふ》のシドニー・ギューリック博士が、米日友好の証《あかし》として、青い目の人形を日本の全国の子どもたちに贈《おく》った平和活動に共感し、その活動を受け継《つ》いでいこうと思ったのです。

人形大使たちのお父さんであるギューリック博士は、一九四五年（昭和二十年）十二月二十日、アイダホ州で八十五歳《さい》で亡《な》くなられています。ギューリック三世さんは、戦禍《せんか》を逃《のが》れ生き残った人形のある学校だけでなく、焼き捨《す》てられていなくなった学校にも人形を贈っているのでした。

ギューリック三世さんがシュリーちゃんのことを知ったのは、平成十六年、城島小学校の一三〇周年記念誌《きねんし》に、当時の校長先生が書かれていたシュリーちゃんの記事を読んだことからです。戦後も生き延《の》びていたことに感動して人形を贈られたのでした。

新しく贈られた人形は、奥様《おくさま》手づくりの洋服を身に着けており、パスポートも添《そ》えられ、その有効期限《ゆうこうきげん》は「Never」（永遠《えいえん》）と記されていました。新しい友情人形は、城島の頭文字《かしらもじ》「J」に因《ちな》んで、ジーニーちゃんと名づけられました。

ふたりの人形は、日米の友情の証として九十年余の歴史《れきし》の重みを受け止めながら、学校の宝《たから》として、今も仲よく並んで子どもたちを見守っています。

ある日、令和三年（二〇二一年）七月の広報《こうほう》「久留米《くるめ》」を読んでいたところ、なんと裏《うら》表紙の「これ、知ってる⁉」【49】のコーナーに、シュリーちゃんとジーニーちゃんが紹介《しょうかい》されているではありませんか。ビックリするやら、嬉《うれ》しいやら……。それには、

シュリーちゃんとジーニーちゃん（提供：久留米市）

《県内に残る3体の友情人形》

日米友情の証しとして昭和初期に1万2000体の友情人形が宣教師シドニー・ギューリックさんの提案《ていあん》で全国の小学校などに贈られました。第2次大戦が始まると次々に処分《しょぶん》され、今では県内で3体のみ。城島小学校の「シュリー」（左）はその1体です。右の「ジーニー」（右）はギューリックさんの孫《まご》が平成27年に城島小にプレゼントしたものです。

と紹介されていました。

この写真を見て二度ビックリ！　三年前に行ったときのジーニーちゃんは、頭を大きなリボンで結んではいましたが、名前からしても男の子とばかり思っていました。ところがこの広報「久留米」のジーニーちゃんは、ふさふさとした金髪《きんぱつ》で、まん丸い青い目をぱっと見開いている、あどけない女の子でした！

ルースちゃんに会いに糸島へ

ルースちゃんには、まだ会っていませんでした。どうしても会って、その後のルースちゃんのことを知りたいと思い、夏休み中の可也《かや》小学校にコンタクトをとりました。電話に出られた山内《やまうち》先生は、快《こころよ》くこちらの都合に合わせてくださり、夏休み中の令和元年（二〇一九年）八月一日、午前中にうかがうことになりました。

くまさん文庫のスタッフは、椎窓猛《しいまどたけし》先生の絵本『ペッギイちゃんの戦争と平和――青い目の人形物語』を読んでいたので、ぜひ一緒《いっしょ》に会いに行きたいとのことで、四人で糸島《いとしま》市に向かいました。

可也小学校は、明治七年（一八七四年）、波津《なみつ》小学校として誕生《たんじょう》、昭和二十二年（一九四七年）に現在の名称《めいしょう》、可也小学校となり、令和六年で創立《そうりつ》一五〇周年という長い歴史《れきし》のある小学校です。

お天気に恵《めぐ》まれ、海岸沿いに眺《なが》める海は紺碧《こんぺき》、波は静かで船が行き来しています。私の住んでいる小郡《おごおり》では見られない海と山に面した自然豊《ゆた》かな環境《かんきょう》のなか、すんでのところで命拾いをしたルースちゃんに思いを馳《は》せながら、可也小学校へ向かいました。

高速道路を走り、都市高速にも乗り換《か》えて、やっと着いた糸島市。可也小学校は「糸島富士」とも呼ばれている加也山《かやさん》を眺める、緑に囲《かこ》まれた自然豊かな場所にありました。校庭内に、初川《はつがわ》に通ずる川が流れていてビックリ！　夏には蛍《ほたる》を飼育《しいく》する学校行事も行っているとのことです。

加也小学校は、自然に育まれた歴史ある学校でした。玄関には山内博道《やまうちひろみち》教頭先生と松本　茂《まつもとしげる》先生が出迎《でむか》えてくださいました。

玄関《げんかん》を上がると広い廊下《ろうか》があり、校長室の前にがっしりとしたケースが置いてありました。

その中の木枠《きわく》の箱の中に、つぶらな青い目を見開いてロングコートを羽織《はお》った、素朴《そぼく》なルースちゃんが立っていました。

写真で見ていたルースちゃんは、色白のキューピーちゃんのような顔でしたが、実物のルースちゃんは、顔のところどころにシミがあり、うっすら汚《よご》れて、無防備《むぼうび》に両手を体の横に下げ、遠くを眺めているような様子で立っています。そのあどけなさが、なんともいじらしく、運動場に吊《つ》るされて竹やりで突《つ》かれそうになっても、遠くに見える可也山を眺めながらボーッと両手を広げ、すべてを委《ゆだ》ねていたのでしょう。

校長先生に促《うなが》され部屋に入ると、歴代《れきだい》の校長先生の写真がズラリと掲《かか》げられていました。その中の松本茂という名前は、どこかで見たことがある気がしていたところ、椎窓先生の本の中に、次のようなエッセイを書いておられたのでした。

「ルースちゃん」が教えてくれること

糸島市立可也小学校校長　松本　茂

今も校長室前で、可也小学校の子どもたちを優《やさ》しいまなざしで見守《みまも》るルースちゃん。子どもたちは、ルースちゃんから、多くのことを学んでいます。

可也小学校では、平和学習《へいわがくしゅう》の中で、ルースちゃんのことを取り上げていますが、六年生の社会科の歴史学習《れきしがくしゅう》でも詳《くわ》しく学んでいます。昭和二年、はるばるアメリカからやって来たルースちゃんを可也小学校の子どもたちも先生たちも大歓迎《だいかんげい》し、大切にします。ところが、戦争《せんそう》が始《はじ》まると一転《いってん》して「敵国人形《てっこくにんぎょう》」として、処分《しょぶん》されそうになるのです。この二つの事実《じじつ》から、子どもたちは、「戦争というものは、人の心も大きく変えてしまう、恐《おそ》ろしいものだ」と強く感じます。

そして、大きな葛藤《かっとう》の中、最後《さいご》には、ルースちゃんを守《まも》る道を選《えら》んだ校長先生と若《わか》い教師たち。当時の社会情勢《じょうせい》からして、このような行動《こうどう》をとることは、容易《ようい》なことでなかったということは言うまでもありません。このことが発覚《はっかく》すれば、どんなひどい仕打《しう》ちにあっていたかもわかりません。子どもたちは、この事実《じじつ》を知ることで、「人として大切なこと」「人としての生き方」を学んでいきます。

このように、ルースちゃんの存在《そんざい》は、教科書だけでは学べない、価値《かち》あることを子どもたちに教えてくれます。これからも、ルースちゃんは、可也小学校で学んだ子どもたちの心の中で、「平和と友好《ゆうこう》・親善《しんぜん》の使者《ししゃ》」であり続《つづ》けるのです。

昭和六十二年、ルースちゃんは、六十年ぶりに元気にカリフォルニアの小学校に里帰りをしました。その際《さい》、日本人形の加也《かや》ちゃんも一緒に学校に贈られていきました。一人では寂《さび》しいだろうと、先生と子どもたちがみんなで女の子の人形を作りました。加也山の麓《ふもと》ですから、「加也ちゃん」と名づけられたのです。

戦禍《せんか》を潜《くぐ》り抜《ぬ》け生きてきた健気《けなげ》なルースちゃんは、温かく故郷《こきょう》で迎《むか》えられました。そして元気に日本に帰ってきました。

平成二十九年（二〇一七年）八月二十日、糸島《いとしま》市で「第六回いとしま8・6平和講演会《こうえんかい》」が開催《かいさい》されました。そのとき、友情《ゆうじょう》人形・来日九十周年記念企画《きかく》として「青い目の人形物語～福岡編《へん》～守られた人形たち」が上演《じょうえん》されました。

福岡県内に現存《げんぞん》する三体の人形をめぐる物語を劇化《げきか》し、三十三名の小中高の子どもたちが出演《しゅつえん》しました。当日は加也《かや》小学校からルースちゃんも参加しました。そして久留米《くるめ》の城島《じょうじま》小学校からシュリーちゃん、嘉穂《かほ》小学校のペッギィちゃんも来てくれて、仲よく三人並《なら》んで記念撮影《さつえい》をしたのです。福岡県で生き残った三人が一か所に集まったのはこのときが初めてで、なんと九十年ぶりのことでした。

子どもたちにとっても、戦争のこと、平和のことを考えるよい機会となりました。

心ある優《やさ》しい人たちのおかげで命を助けられた人形たちは、今も平和の親善《しんぜん》大使として親しまれ、活《かつ》躍《やく》しています。

ルースちゃんに会えて、これで福岡県で生き残った人形たち全員に会うことができて、ほっと一息つくことができました。

福岡県に現存する青い目の人形３体。左からルースちゃん、ペッギィちゃん、シュリーちゃん（「みずま第４集」より転載）

「青い目の人形」の配布数と現存数(2018年現在)

都道府県	配布数	現存数	都道府県	配布数	現存数	都道府県	配布数	現存数
北海道	643	25	石　川	205	3	岡　山	238	3
青　森	220	9	福　井	152	1	広　島	326	5
岩　手	263	18	山　梨	129	5	山　口	200	5
宮　城	221	11	長　野	286	28	徳　島	152	1
秋　田	190	12	静　岡	253	6	香　川	102	1
山　形	205	11	愛　知	349	10	愛　媛	214	6
福　島	323	17	岐　阜	235	2	高　知	187	1
茨　城	246	11	三　重	194	8	福　岡	259	3
栃　木	213	5	滋　賀	135	4	佐　賀	98	1
群　馬	142	19	京　都	262	8	長　崎	214	2
埼　玉	178	12	大　阪	429	5	熊　本	241	2
千　葉	214	11	兵　庫	373	1	大　分	182	5
東　京	568	10	奈　良	144	4	宮　崎	124	1
神奈川	166	12	和歌山	177	1	鹿児島	209	0
新　潟	398	12	鳥　取	107	2	沖　縄	63	0
富　山	150	6	島　根	182	2	外務本省	1212	

合計：配布数1万1973　　現存数337

ほかに台湾98、樺太20、関東州10、朝鮮193に計321体を配布

(『青い目の人形　メリーの旅』をもとに作成)

そんな折、私が青い目の人形を調べていることを知っていた友人から『青い目の人形　メリーの旅』という本が贈《おく》られてきました。本の作者は、神戸《こうべ》で市民文芸の選者《せんじゃ》や編集委《へんしゅうい》員《いん》などをされている西村恭子《にしむらきょうこ》さんという方で、姫路文化賞《ひめじぶんかしょう》などを受賞されています。見事に構成された美しい本で、私のような一介《いっかい》の主《しゅ》婦《ふ》の拙《つたな》いものとは段ちがい。大変勉強になり、いろいろ参考にさせていただきました。

その中に「『青い目の人形』の配布数《はいふすう》と現存《げんぞん》数《すう》」という表がありました。それは平成三十年に渋沢史料館《しりょうかん》の資料をもとに作成されたものでした。私が持っていたものは平成二年のもので、比《くら》べてみたら、現存数《げんぞんすう》が三三七体と

なっており、三十一体増えていました。新しく見つかったのです。感動しました。

若松中央小学校のハンナちゃん

本書の原稿《げんこう》も終わりに近づいたころ、記録作家《きろくさつか》・林えいだい氏（故人）の資料室《しりょうしつ》「ありらん文庫」主宰者《しゅさいしゃ》の森川登美江《もりかわとみえ》先生より、読書会を毎月第二土曜日に開催《かいさい》しているので見学にどうぞ、とお誘《さそ》いをいただき、くまさん文庫の会員の運転で、令和元年（二〇一九年）七月十三日にうかがいました。

福岡市梅光園《ばいこうえん》のビルの三階の一室に、ところ狭《せま》しと、えいだい氏の著書《ちょしょ》や資料が並《なら》んでいました。読書会の参加者十五名の会員のほとんどは男性《だんせい》で、女性《じょせい》は私《わたし》を含《ふく》めて四名。えいだい氏の作品についての熱《ねつ》のこもった会でした。

終わりに自己紹介《じこしょうかい》がありました。初参加の私が、福岡県に生き残っている三体の人形のその後を追っている、と話していると、四十代くらいの男性が、

「私は若松《わかまつ》中央小学校で青い目の人形に出会ったことがあります」と。

「えっ？　本当ですか、では、福岡には三体ではなく、まだわかっていない人形があったのですね」

そういうこともあるにちがいない、まだまだほかにもあるのではないかと思いながら、筆を進めていたこともありましたから。

この情報《じようほう》をくださったのは、若松《わかまつ》中央小学校の非常勤講師《ひじようきんこうし》をされている朴康秀《パクカンス》氏でした。

そこでさっそく若松中央小学校に電話してみると、女性の声で「私は教頭の高橋ですが、ハンナちゃんのことでしょうか」と言われたので、やっぱり生き残っていたのだと、いささか興奮気味《こうふんぎみ》で青い目の人形を追《お》ってきた今までのプロセスを簡単《かんたん》にお話ししました。すると、「青い目の人形大使が贈《おく》られてきたのは昭和二年（一九二七年）ですね。このハンナちゃんは平成二十七年（二〇一五年）に来ていますから、年代からして、孫《まご》のギューリック三世さんからの贈り物です」と。

私は半分がっかりし、半分はほっとしました。

ギューリック博士の孫にあたるギューリック三世さんは、七十九歳のとき、久留米《くるめ》の城島《じようじま》小学校にもジーニーちゃんを贈られていました。その後も全国に二五〇体の人形を送り続け、祖父《そふ》の日米の友好人形大使の志《こころざし》を継《つ》いでおられるのでした。

「よかったら、人形に会いにお出でになりませんか?」

との親切《しんせつ》な言葉をいただき、ご多忙《たぼう》な先生のご都合《つごう》をお聞きし、同年七月二十九日の月曜日午後二時にうかがうことにしました。

初めて行くので遠く感じるのかもしれませんが、何度も「遠いね、まだよね」などと言いながら、船が行き来する深く青い海を眺《なが》めながら、ようやく到着《とうちゃく》。若い二人の男女の先生が出迎《でむか》えてくださいました。

玄関《げんかん》を上がると、広い廊下《ろうか》に大きなガラスケースがあり、ハンナちゃんはその中でワンピースを着て、おそろいの帽子《ぼうし》をかぶったかわいい姿《すがた》で迎えてくれました。

今まで会った人形のどれよりも背が高く、明るい表情から、やはり戦禍《せんか》をくぐらなかった平和な時代に生まれたお人形だなあと思い、しっかり抱《だ》っこさせていただきました。

ケースの中には何着も着替えの洋服が入っていて、若い女の先生が「時々着せ替《か》えているんですよ」と。初々《ういうい》しいハンナちゃんは、どこまでも幸せです。別室に案内していただくと、

ハンナちゃん
（提供：若松中央小学校）

高橋先生からのメッセージと、資《し》料《りょう》がそろえられていました。

その中の「東京青年」という別《べつ》冊《さつ》が目にとまりました。平成五年に開かれた東京YMCA午餐会《ごさんかい》の速記録《そっきろく》で、大藤《おおとう》啓矩《ひろみち》氏の講演《こうえん》「ギューリックと青い目の人形――昭和2年の日本の子どもたちへの贈呈《ぞうてい》運動」が収録《しゅうろく》されています。

目を通していると、若い二人の先生がコピーしてあげましょうとのことで、お言葉に甘《あま》えコピーしていただきました。そこにはギューリック博士の生《お》い立ちが詳《くわ》しく述《の》べられていました。彼《かれ》の弟さんはバスケットボールの生みの親ということを知りました。

その中に、おもしろい記事をみつけました。

第二次世界大戦中、人形を迫害《はくがい》から守るため、静岡県の校長先生が知恵《ちえ》を絞《しぼ》ってとった行動を記《しる》した手紙についてです。その手紙には「アメリカ人形一個捕虜《ほりょ》。お前に収容《しゅうよう》を命ずる」

と書いてありました。隠《かく》したことが見つかっても、捕虜として収容していたのだから罪《つみ》にはならない、と考えてのことからでした。なんと、愛情《あいじょう》とユーモアあふれる行為《こうい》でしょう。最後に、大藤氏は質問《しつもん》に答えて次のように言われています。

これはぼくの主観的《しゅかんてき》な理解《りかい》ですけれども、掃除《そうじ》のおばさんや小使いのおじさんが普通《ふつう》の気持で、いままで大歓迎《かんげい》して運動会で生徒代表が入場行進の最初に抱《だ》いてきたような人形を、きょうからは憎《にく》むのかというようなことで、学校が保存《ほぞん》しないのなら私の家に持って帰るべというのが一番多かったのではと思います。

親切な先生方に感謝《かんしゃ》しながら、玄関のハンナちゃんに「バイバイ！　お元気でね」と別れを告《つ》げ、帰途《きと》につきました。

生きられなかった人形

これまで私は、福岡県内で幸運にも生き延《の》びることができた数少ない人形たちのことを書いてきました。この人形たちは、戦争中でも軍部の命令や検閲《けんえつ》にも屈《くつ》せず、守り抜《ぬ》いてくれた人たちがいて、奇跡《きせき》的に生き抜くことができたのでした。

けれど、その陰《かげ》で、数多くの生きられなかった人形たちがいました。平和の使者として、歓《かん》迎《げい》されかわいがられていた人形たちは、どんなに悲しくつらい思いで消されていったのでしょう……。

なかには終戦の間際《まぎわ》までひそかに護《まも》られながら、焼かれてしまった人形もいました。私の住む小郡《おごおり》市の隣《となり》の街、佐賀県鳥栖《とす》市の小学校にいた人形も、そのひとりでした。

それは、偶然《ぐうぜん》の出会いでした。

私は今、筑前町の大刀洗《たちあらい》平和記念館で自分の戦争体験のエッセイや詩を、平和への祈《いの》りを

込《こ》めて朗読《ろうどく》しています。その折にピアノを弾《ひ》いてくださっている先生から、

「この本、読まれましたか？　ピアノのことだけではなく、青い目の人形のことも書いてありますよ」

と、一冊の本を手渡《てわた》されました。

それは童謡《どうよう》詩人の矢崎節夫《やざきせつお》先生が書かれた『先生のわすれられないピアノ』という本でした。

最初のページに次のようにあります。

この本は――一人の女の先生の思《おも》い出《で》の中に生《い》きつづけてきた一台《だい》のグランドピアノと、そのピアノで『月光《げっこう》』の曲《きょく》を弾《ひ》いた、二人の特攻隊《とっこうたい》のお兄さんと、そして、青《あお》い目の人形《にんぎょう》――のお話《はなし》です。

鳥栖の小学校で、特攻隊員の男性《だんせい》がピアノを弾いて出陣《しゅつじん》して行かれたという話は、聞いたことがありました。このピアノのエピソードは、「月光の夏」という映画《えいが》にもなって、日本中

の人々に知られるようになりました。しかし、青い目の人形のことは、全く知りませんでした。

この特攻隊員の若者のお世話をしたのが、音楽室の係でピアノの担当《たんとう》をしている、音楽の大好きな上野歌子《うえのうたこ》先生でした。『先生のわすれられないピアノ』は、歌子先生のお話を矢崎節夫氏が聞き取って書かれた本です。矢崎先生は、詩人のまどみちお氏や佐藤義美《さとうよしみ》氏に師事《しじ》され、現在、山口県長門《ながと》市の「金子みすゞ記念館」の館長を務《つと》めておられます。

以下、この本の内容をもとに、鳥栖小学校のピアノと青い目の人形の物語を紹介《しょうかい》します。

歌子先生は、昭和十七年（一九四二年）に、母校である鳥栖小学校の先生となります。夢《ゆめ》と希望いっぱいの十六歳《さい》の若い先生でした。

当時、鳥栖小学校は、県下でも大きな学校で、生徒数は約一七〇〇人、先生も六十人近くいたそうです。歌子先生は、戦争中だけれど、学校に来るのが楽しい、先生に会うのが嬉《うれ》しいと思われるような、子どもたちにとって一番いい先生になろうと決心しました。

朝は誰《だれ》よりも早く行って、ひとりひとりに「おはよう」と声掛《こえか》けをします。

そして、お昼ご飯が終わると「お話の時間」をつくり、『小公子《しょうこうし》』『小公女《しょうこうじょ》』『アンクルトムの小屋』などを読み聞かせました。

「今日は何ページまで読むわね、続きはまた明日」

子どもたちは、明日が待ち遠しく、心躍《おど》らせて登校します。優《やさ》しいお姉さんのような先生が、大好きになりました。

くまさん文庫を開いている私は、このことにも深く感銘《かんめい》を受け、なんとステキな先生だろうと思いました。と同時に、私が小学二年生のときの担任の、倉光《くらみつ》先生を思い出しました。学校を出たばかりで、詰《つ》め襟《えり》の学生服を着たお兄さんのような倉光先生は、給食のあとでいろんなお話を語ってくださるのです。今でいうストーリーテリングです。それが楽しみで給食を早く食べて終えて、お話をせがみました。そんな小学生のころをなつかしく思い出し、歌子先生と倉光先生が重なるのでした。

戦争がだんだん激《はげ》しくなってきて、お弁当《べんとう》を持ってこられない生徒が出てきたとき、歌子先生はその子にさりげなく自分のお弁当を渡《わた》しておられたとのこと。

そんな歌子先生は、中野四郎《なかのしろう》校長先生から「音楽室の係をしてもらいます」と言われたのです。音楽室には、小学生のときから憧《あこが》れていたフッペルのグランドピアノがあります。音楽が大好きな歌子先生は、どんなに嬉《うれ》しかったことでしょう。

フッペルのピアノは、世界の名器と言われています。ドイツの小さな町のピアノ職人《しょくにん》のフッペルが、コツコツとひとりで研究と改良を重ねて、完成させたものでした。

昭和二十年、太平洋戦争も末期のころ、二人の特攻隊員が鳥栖小学校を訪《おとず》れました。

「ぼくたちは明日出撃《しゅつげき》します。死ぬ前にもう一度、思いっきりピアノが弾《ひ》きたいのです。先生、お願いします」

そして、歌子先生が好きな「月光」を弾いたそうです。ピアノソナタ第14番「月光」は、ベートーヴェンが、美しい十七歳の少女に捧《ささ》げた曲です。

一人がピアノを弾き、もう一人は楽譜《がくふ》をめくります。息もピッタリ合って、湖《みずうみ》に静かにさしていた月の光が、さざ波とともに、まわりの世界に広がって行くような演奏《えんそう》だったそうです。

——ああ、ピアノがうたっている、なんてすばらしいんだろう。

歌子先生はこのとき、十九歳。明日は死ぬかもしれない二人の思いを込《こ》めた演奏は、このうえもなく優しく深みのある、心に響《ひび》く音でした。こんなに美しい「月光」をこれまで聞いたことがない……と、歌子先生は涙《なみだ》があふれてとまりませんでした。

その後、二人は別れのあいさつをし、見送りに来て並《なら》んでいる子どもたちに語りかけました。

「いいかい、きみたち。

……兄《にい》ちゃんたちが死《し》ななければ、この国をきみたちにのこしてあげることができないんだよ。きみたちが大人《おとな》になるまでこの国をのこすために、兄ちゃんたちは死ぬんだ。だから、みんないい子になれよ。そして、どうか二度《ど》ときみたちのお父さんやお母さんが悲《かな》しむことのない、立派《りっぱ》な国にして欲しい。

そのために死ぬのなら、兄ちゃんたちは安心《あんしん》して死ねる」

そう言って何度も手を振《ふ》って去っていきました。


この本を読んで私が最も驚《おどろ》いたのは、歌子先生がピアノとともに、ひそかに大事にしていたのが、青い目の人形だった、ということです。

その人形は、校長室の箱の中に隠《かく》されていました。校長先生はどのようにして軍の検閲《けんえつ》を逃《のが》れ、終戦末期まで隠し通すことができたのでしょう……。箱の中には、白いレースのドレスを着て、真っ赤な革靴《かわぐつ》をはいた、かわいい金髪《きんぱつ》の人形が寝《ね》かされていました。箱のふたの裏《うら》には、墨字《すみじ》で「マサチューセッツ州・メリー」とあります。人形の名前はメリーちゃんでした。

箱の中には人形だけではなく、小さなトランクが二つ入っていました。その中には、色とりどりの着替《きが》えや下着、毛皮のコート、レインコートや長靴《ながぐつ》まで入っていました。

贈られてきた当時、子どもたちはどんなに喜《よろこ》んでメリーちゃんと遊んだことでしょう。それを物語る一枚の写真をこの本の中で見つけました。先生を囲《かこ》んで女の子たちが並《なら》び、ひな祭りをしている写真です。「ひな祭りには、学校でもお人形を飾《かざ》りました。1943年3月3日、上野歌子先生と最初の受持ちの子どもたち」との添《そ》え書《が》きがあります。後ろのひな壇《だん》にはたくさんの人形が飾られています。その中の左端《はし》に真っ白いドレスを着た人形が写っているではありませんか！　これがメリーちゃんにちがいないと思いました。

おそらく歌子先生は、年に一度のひな祭りの日に、メリーちゃんも日本のおひな様と一緒に飾り、子どもたちとともに日本の伝統《でんとう》行事を楽しんだのでしょう。歌子先生の笑顔が、何ともかわいらしく楽しそうです。

昭和二十年になると、B29が鳥栖小学校の上空にもやってくるようになります。それでも歌子先生は毎朝、校長室のメリーちゃんにそっと「おはよう」と声をかけ続けていました。けれど先生は、メリーちゃんのことを子どもたちにも先生方にも黙《だま》っていました。もし憲兵《けんぺい》に人形がいることが知れたら、校長先生はじめ学校にも迷惑《めいわく》がかかります。そして、壊《こわ》されたり、焼かれたりするにちがいないと考えたからです。

三月ごろには、アメリカ軍の空襲《くうしゅう》はだんだんひどくなりました。それでも歌子先生は、メリーちゃんへの朝のあいさつは一度も欠かしませんでした。

「おはよう、あなたも神さまに祈《いの》ってちょうだい。空襲《くうしゅう》がありませんように、子どもたちがだれもけがをしませんように、早く戦争が終わりますようにって」

八月十一日、終戦の四日前のこと、北部九州の鉄道網《もう》の中心・鳥栖駅がある鳥栖市も空襲を受けたのです。鉄道施設《しせつ》とともに多くの家が壊《こわ》され、一一九名の死者が出ました。ほとんどが老人や女性《じょせい》、子どもたちでした。歌子先生の家も、大型爆弾《おおがたばくだん》によって一瞬《いっしゅん》のうちに吹《ふ》き飛ばされてしまったそうです。しかし、幸いなことに鳥栖小学校は戦災《せんさい》を免《まぬが》れて、フッペルのグランドピアノも、青い目の人形のメリーちゃんも無事でした。

鳥栖空襲の四日後の八月十五日、戦争は、多くの犠牲者《ぎせいしや》を出して敗戦で終わりました。

そんなある日のこと、怒《いか》りに身を震《ふる》わせた男の先生が、歌子先生を大声で怒鳴《どな》りつけました。「早くあれを持って来い」と。

運動場の片隅では、真っ赤な火が燃えています。

歌子先生はビックリしました。自分しか知らないと思っていた人形のことを知っている先生がいたのです。歌子先生は叫びました。

「あの人形は、もう十何年も日本にいたのです。……私たちと一緒に空襲におびえながら、それでも生きてきたのです。だから、助けてやってください。燃《も》やさないでください！」

「なにを、この非国民が！　おまえのようなやつがいるから、戦争に負けたんだ！　あれはアメリカのスパイだぞ！」

この男の先生の心の中では、戦争はまだ終わっていなかったのです。歌子先生は、どんなにつらかったことでしょう。

この先生は、きっとこの戦争で心に深い傷《きず》を受け、それが人形への憎《にく》しみに変わっていったのでしょう。普段《ふだん》はやさしい先生だったというのに……。このように戦争は人々から余裕《よゆう》をうばい、心を傷つけ、恐《おそ》ろしい心に変えてしまうのですね。

歌子先生は、なんども、なんども必死で懇願《こんがん》しましたが、この男の先生は聞く耳をもちませんでした。

いつもは箱の外から「おはよう」と話しかけていたメリーちゃんを、箱から出して抱っこしました。メリーちゃんは、まるで赤ちゃんのように眠ったまま歌子先生の腕《うで》に抱《だ》かれていました。

矢崎先生はメリーちゃんの最期《さいご》を次のように書かれています。

「ごめんね、ごめんね。ずっと仲良《なかよ》しだったのにね。なんにもしてあげられなくて、ごめんね。助《たす》けてあげられなくて、ごめんね。」

松田《まつだ》先生（歌子先生の結婚後の姓）は、青い目の人形《にんぎょう》に顔《かお》をすりつけるようにして、何《なん》度《ど》も何度もあやまりながら、片手《かたて》にトランクを持《も》ち、校庭《こうてい》におりていきました。足が鉄《てつ》のように重《おも》く、なかなか前《まえ》に進《すす》みませんでした。

「早く、よこせ！」

男の先生は待《ま》ちきれないというふうにかけよると、松田先生の手から、人形をうばいとるようにわしづかみにすると、真《ま》っ赤《か》に燃《も》えている炎《ほのお》の中に投《な》げこみました。

ぱさっと、人形は炎の上に落ちました。

と、その瞬間《しゅんかん》、今まで長《なが》い間《あいだ》あけたことのなかった目を、ぱっとあけたのです。

青い青い、真《ま》っ青《さお》な、美しく澄《す》んだ、ひとみでした。

そして、叫《さけ》んだのです。

「マーマー！」

人形は叫《さけ》んだのです。炎《ほのお》の中で、おかあさーん！と。

松田先生は体《からだ》がふるえました。涙《なみだ》があふれて、なにも見えないほどでした。

青く澄《す》んだひとみと、マーマーという叫《さけ》び声だけが、松田先生の体中《からだじゅう》を駆けめぐっていました。

敗戦のわずか四日前の大規模《だいきぼ》な鳥栖空襲の悲劇《ひげき》。戦禍《せんか》に遭《あ》った憎《にく》しみが、メリーちゃんの命を奪《うば》ったのでしょう。

終戦から長い時間が経《た》って、特攻隊員《とっこうたいいん》にちなんだあのフッペルのグランドピアノが廃棄《はいき》されようとしたとき、歌子先生の胸に去来《きょらい》したのは、焼かれてしまった人形のことだったといいます。人形は助けられなかったけど、「せめてピアノだけは語りつぎ、遺《のこ》しておきたい」という強い思いから、歌子先生は「月光」にちなむ思い出を語られ始めたのです。この歌子先生のお話から、音楽を愛する特攻隊員のことが知られるようになったのでした。

メリーちゃんのことをもっと知りたい、歌子先生のことも知りたいと思い、そうだ、鳥栖小学校に行ってみよう！　何か情報があるかもしれないと、鳥栖小学校に電話をかけました。女性の教頭先生が温かい声で「今はちょうど夏休み中ですから、どうぞ」とのことで、さっそく、くまさん文庫の仲間の車で出向きました。

鳥栖小学校は矢崎先生の本の写真と周囲の環境《かんきょう》は変わっていたものの、校舎《こうしゃ》は写真と同じコンクリートの細長いどっしりとした姿《すがた》で出迎《でむか》えてくれました。

若々しい古賀校長先生と、お電話の声と同じ温かい雰囲気《ふんいき》の松尾教頭先生が応対《おうたい》してくださいました。

私は『先生のわすれられないピアノ』を手に「中野校長先生は、どのようにして青い目の人形を戦争が終わるまでかくし通せたのですか」また「この本の中の、ひな祭りの写真は、学校には保管《ほかん》されていませんか」などと質問《しつもん》させていただいたのですが、何しろ約八十年前の話で、当時の生徒たちも、中野四郎校長先生も、上野歌子先生も亡《な》くなっておられ、答えを聞くことはできませんでした。歌子先生は、三年前に亡くなられたとのこと。青い目の人形たちのことを知ったのは六年前でしたから、すぐに取り組めばお会いできたのに……。残念でなりません。

フッペルのピアノの本や資料《しりょう》は校長室にも置いてありましたが、青い目の人形に関する資料は、ありませんでした。

帰り際《ぎわ》、玄関《げんかん》の壁《かべ》に目が止まりました。筆文字で和歌が記されています。


月光の曲を奏《かな》でしフッペルの　ピアノの栖《すみか》　わが学び舎《や》は

両先生のお見送りを受けて、時代の流れを痛感《つうかん》しながら鳥栖小学校を後にしました。フッペルのグランドピアノは、今は、ＪＲ鳥栖駅近くのサンメッセ鳥栖に展示《てんじ》してあると教えていただき、立ち寄《よ》りました。今もコンサートやイベントなどで、美しい曲を奏《かな》でながら、市民はもちろん、多くの音楽の好きな人たちに愛されています。

戦後八十年近くが経ち、戦争や空襲を体験している人が少なくなってしまいました。もし歌子先生のピアノの話が伝わっていなければ、平和のお使いとしてやってきたメリーちゃんが戦争の犠牲《ぎせい》になったことなども、知られることなく終わったことでしょう。

私の子どもたち三人は、みな鳥栖市の隣町にある小郡小学校が母校で、わが家のすぐ近くにあります。思い切って小学校に問い合わせてみました。

小郡小学校は一四〇年の歴史《れきし》を持つ古い学校です。しかし、教頭先生からのお返事は「100周年記念誌《きねんし》の資料なども調べてみましたが、残念ながら、青い目の人形についての手掛《てが》かりはありませんでした」とのことでした。

十五年も続いた戦争は敗戦で終わり、空襲に脅《おびや》かされることはなくなりましたが、戦争が終わっても、先生方には課《か》せられた仕事がありました。

それは、進駐《しんちゅう》してきたアメリカ軍に見つかっては困るような戦争中の書類などを、すべて燃《も》やすことでした。書類だけではありません。子どもたちが授業《じゅぎょう》に使っていた剣道《けんどう》の道具や、なぎなたなどの道具まで燃やさなければなりませんでした。卒業生の中で戦死した人たちの写真を飾《かざ》ってある忠霊室《ちゅうれいしつ》の写真までも、燃やしたのです。少しでも戦争に関係のありそうなものは、燃やし尽《つ》くされました。

大部分の学校は、このような処分《しょぶん》を半強制的《はんきょうせいてき》にさせられ、資料のほとんどが焼却《しょうきゃく》されたのでしょう。戦争は、なんの罪《つみ》もない人形にまで悪魔《あくま》の手を伸《の》ばします。そのうえ貴重《きちょう》な資料まで消していくのです。

子どもたちは大人たちの命ずるまま、自分の学校の青い目の人形を、ボロボロにして捨《す》てたのです。そして、軍歌を歌いながら人形を焼いた灰《はい》の上を踏《ふ》みつけて歩いたといいます。こうして、青い目の人形たちは何も言うこともできず、壊《こわ》され焼かれていったのです。

人形と楽しく遊び、人形を愛した子どもたちが、戦争によって恐《おそ》ろしい心に豹変《ひょうへん》し、人形を殺《ころ》していったのです。

人間は、本当にこのように変わるのでしょうか？　今、平和な時代に生きている私たちも、戦争が起こったら、このような悪魔《あくま》の心に変わらないとも限《かぎ》らない、という不安と恐怖《きょうふ》が襲《おそ》ってきます。

いかなる場合でも、命ほど大切なものはないのですから、命を奪《うば》う者に対しては、ひとりひとりが自分の意見をしっかり持って、体制《たいせい》に流されないようにしなければならないと思います。

矢崎先生はこの本のエピローグで次のように書かれています。

戦争は、戦死《せんし》した人たちはもちろん、幸《さいわ》いにも生きて帰《かえ》ってこれた人たちの心や体にも、深《ふか》く大きな傷《きず》をのこしつづけるのです。

そして――

なによりも戦争の一番の犠牲者《ぎせいしゃ》は、銃後《じゅうご》にいる老人《ろうじん》や女性や子どもたちなのです。

「ユネスコ憲章《けんしょう》」は前文の最初に、次のような文章を掲《かか》げています。

「戦争は人の心の中で生まれるものであるから、人の心の中に平和のとりでを築《きず》かなければならない」

佐賀県で唯一生き残ったお人形

もうキリがないからこのへんでケリをつけよう……と思っていた矢先、NHK福岡放送の夕方の番組「ロクいち!福岡」で、私が青い目の人形について調べていることが取り上げられ、それを見た親《した》しくしている佐賀市内の友人から、「テレビを見たよ、佐賀にも生き残った人形がいるみたいよ」と連絡《れんらく》をもらいました。この言葉につい心が動いてしまいました。

前掲《ぜんけい》の青い目の人形の配布数《はいふすう》と残存数《ざんぞんすう》の表によると、佐賀県には九十八体が贈られ、生存している人形は一体だけとなっています。

その一体は、どこにいるのでしょう……。

佐賀市の教育委員会に問い合わせたところ、文化財課へ電話を回していただきましたが、佐賀市内には青い目の人形についての資料は見つかりませんとのことでした。しかし、唐津《からつ》市に個人で保管《ほかん》されている人形があるようですから、佐賀県庁の方にたずねてみてくださいとのご助言を得て、さっそく佐賀県庁に電話しました。するとまなび課というセクションに回していただきました。

その結果、唐津市の西唐津保育園に、個人所蔵《しょぞう》として保存されているようですとのこと。園長先生は「福成寺《ふくじょうじ》」の住職《じゅうしょく》をしておられるそうで、やっと人形に会える目途《めど》がつきました。

令和六年（二〇二四年）、私の七回目の干支《えと》・辰年《たつどし》を迎えた一月末、西唐津保育園に電話をすると、大友《おおとも》園長先生が若々しい声で、

「人形のことは以前におぼろげに聞いたような気がしますが、私にはよくわかりませんので、元住職の父に聞いておきましょう。後ほどご連絡します」

と応《こた》えてくださいました。

まもなく電話をいただき「二月十九日に福成寺でお待ちしています」とのこと。当日は、くまさん文庫のスタッフとともに出発しました。

この日は、あいにくの悪天候《あくてんこう》。風雨が激《はげ》しく、ワイパーを最大に動かしても先が見えないくらいでしたが、人形に会える喜《よろこ》びで、わくわくしながら高速道路を走りました。二時間ほどで西唐津保育園に到着《とうちゃく》。そのころには、あれほど激しかった風雨もおさまり、小雨になっていました。

西唐津保育園は、福成寺の隣《となり》にありました。堂々とした風格《ふうかく》を持つ本堂を見上げていると、一本足の高下駄《たかげた》を履《は》いた男性が走り出て来られ、にっこり笑って母屋《おもや》へ案内してくださいました。この方が元住職の大友法文《のりふみ》氏でした。

若々しい現住職ご夫妻にお座敷《ざしき》に招《まね》き入れていただくと、立派《りっぱ》な仏壇《ぶつだん》の前に応接台《おうせつだい》があり、その上にお人形が立っています。金髪で白いドレスを着た、何ともかわいいお人形です。思わず抱っこしたい衝動《しょうどう》を抑《おさ》えて訪問《ほうもん》のごあいさつをすると、お父様の法文氏が、

「このお人形のことは、もう九十年以上も前のことで、かくまったという初代園長で祖母《そぼ》の大友タキエは勿論《もちろん》、その娘《むすめ》の和子《かずこ》も亡くなっており、人形の名前もわかっていません。母の和子から聞いたことをおぼろげながら記憶《きおく》しているくらいですが……」と、とつとつと話してくださいました。

「母の話によりますと、青い目の人形は敵国《てきこく》の人形だから処分《しょぶん》せよ、との命令を受けたようでしたが、当時園長をしていた祖母が、人形には何の罪《つみ》もないのだから、と寺に持ち帰り、本堂の仏壇の後ろに隠《かく》していたようです。世の中が落ち着いてきたころ、平成になったころだったでしょうか、新聞社などから問い合わせがあり、取材などを受けていたようです。お宅から問い合わせがあったとき、以前、長崎の博物館から人形の件で問い合わせがあったのを思い出して探《さが》してみましたら、ありました。これがそのときの書状です」

といって見せていただいた書類は、平成十九年（二〇〇七年）六月十日付の長崎歴史文化博物館の館長から福成寺住職・大友法文様宛《あて》のお礼状でした。

お寺の本堂の仏壇の後ろにかくまわれ生き延びた人形（名前不詳）。福成寺にて

「『青い目の人形と長崎瓊子《たまこ》展』資料借用について（御礼）」とあり、「長崎瓊子」の里帰り人形展に、佐賀県で唯一《ゆいいつ》生き残っていたこの人形が招《まね》かれ、瓊子と一緒に展示されて、大変好評《こうひょう》を得たことに対するお礼でした。

「確かそのことが新聞に出ていたようでした

が……その記事が見当たらなくて……」とのお父様の言葉に、帰宅したら佐賀新聞にたずねてみよう、長崎瓊子についても、と心に誓いました。

帰り際《ぎわ》「お人形を抱っこさせていただいてもいいですか？」とおたずねすると「どうぞ、どうぞ、抱っこしてやってください」。

人形は、私に抱っこされると静かに目を閉じていましたが、抱き上げると、青い目をパッチリ見開いて私を見つめました。そのかわいさといったら……。

福成寺にて（令和６年２月）

大友園長ご家族の心温まる対応に感謝しつつ、帰途《きと》につきました。激しかった雨はすっかり止んで、私たちの気持ちのように明るい陽射《ひざし》しが出ていました。

帰宅後、さっそく佐賀新聞社に電話したところ、新聞記事のコピーが私のパソコンに送られてきました。ファイルを開くと、当時八十一歳《さい》の大友和子さんが人形を膝《ひざ》に抱いて座っておられる写真が目に飛び込んできました。写真には「『人形を通して平和を願う心が伝われば』と話す大友和子さん」とあります。その記事は平成十五年二月二十五日付で、「『平和への願い届け』青い目の人形出品、長崎で日米人形交流展　あすから」と知らせていました。記事には、

「昭和初期、米国から贈られた『青い目の人形』の答礼《とうれい》として太平洋を渡った市松《いちまつ》人形『瓊《たま》子《こ》』が七十五年ぶりに長崎市へ里帰りし、二十六日から地元で『長崎瓊子』展が開かれる。佐賀県内で唯一《ゆいいつ》、唐津市の保育園に残っている青い目の人形も展示される」と書かれていました。そして、

「当時五歳だった大友和子さん（現・八十一歳《さい》）＝同園理事長＝は、抱っこして遊んだという。

戦時中、処分の通達《つうたつ》があった際、『母は人形には罪がないのだからといって、仏壇の後ろに隠していたようです』と、大友さん。イラク攻撃《こうげき》をめぐり世界情勢が緊迫《きんぱく》する中、『平和を願う気持ちがみんなに届いてくれれば』と願う。

『お帰りなさい・長崎瓊子』は人形十九体を展示。長崎市の浜屋百貨店（二十六日―三月九

答礼人形・長崎瓊子（長崎瓊子里帰り実行委員会制作の絵葉書より転載）

日）を皮切りに長崎四会場を巡回《じゅんかい》する」と締めくくられていました。

「答礼人形」については、ギューリック博士は、渋沢栄一に答礼不要、と丁《てい》重《ちょう》に断《ことわ》りましたが、日本人の義理堅《ぎりがた》い気質《きしつ》をよく知っている博士は、受け取ることにしたのでした。

瓊子は、各県から集められた五十八体の答礼人形と一緒《いっしょ》に海を渡り、アメリカのロチェスター市の博物館で美術品として大切に展示されていました。

終戦後、それを知った日本の有志《ゆうし》の方々が、瓊子を日本へ里帰りさせようと計画し、それが「お帰りなさい・長崎瓊子」展で実現《じつげん》したのでした。その折《おり》、長崎の隣の県の佐賀に、アメリカから贈られた人形が残されていることを知り、展覧会の開催《かいさい》に招待《しょうたい》されることになったのです。

このように、平和のお使いの「青い目の人形」と「黒い目の人形」たちは、日本国内はもちろん世界中の平和を願いながら、今も役目を果たし続けています。

長崎県で生き残った青い目の人形大使

長崎県に贈られていた人形二一四体のうち、無事に残っているのは、島原《しまばら》市立第一小学校のリトル・メリーちゃんと、かつて平戸《ひらど》幼稚園にあったエレン・Cちゃんの二体だけでした。島原市立第一小学校のリトル・メリーちゃんは、「平和を願う教師が処分できず、ひな人形の小箱にこっそり紛《まぎ》れ込ませたのでしょう」と、元校長先生は語っておられます。

原爆《げんばく》や戦争を乗《の》り越《こ》えて、メリーちゃんとともに強く生きていく小学生のあやちゃんの物語を、国際《こくさい》文化会館（現在の長崎原爆資料館）館長であった松永照正《まつながてるまさ》氏が『あやと青い目の人形――ナガサキで被爆《ひばく》した少女の物語』という本にされています。松永氏の核兵器廃絶《かくへいきはいぜつ》と世界平和への願いが込《こ》められた本で、次のような内容です。

島原市立第一小学校のリトル・メリーちゃん（提供：島原親善人形の会）

ある日のこと、あやちゃんという女の子が、押入《おしい》れの奥にしまってあった古い箱を見つけました。ふたをとってみると、その中には、金髪の青い目の人形が入っていたのです。それがメリーちゃんでした。小学校の先生だったお母さんが、校庭に捨《す》てられていた人形を、こっそり持ち帰って、押入れに隠《かく》していたのです。

昭和二十年（一九四五年）八月九日、長崎に原爆が落とされました。そのとき、お父さんとあやちゃんは出かけていました。

午前十一時二分、ピカッと地球が裂《さ》けたかのような光と爆発音《ばくはつおん》。なんとか助かったお父さんとあやちゃんが家に戻《もど》ると、お母さんと弟は炎《ほのお》の中で亡《な》くなっていました。

焼け跡でお父さんは黒焦《こ》げの箱を見つけました。その箱の中には、煤《すす》で黒くなり、焦げた洋服を着た金髪のメリーちゃんが入っていました。メリーちゃんは新しい服を着せてもらい、髪も洗ってもらって金髪を取り戻しましたが、あやちゃんは原爆の後遺症《こういしょう》で長いあいだ苦しみました。

その後、快復《かいふく》したあやちゃんは、お母さんの形見となったメリーちゃんを抱いて、お父さんと一緒にお母さんと弟のお墓に手を合わせました、と結ばれていました。

戦禍《せんか》を逃《のが》れたメリーちゃんは、島原市の有形文化財に指定《してい》されました。

現在、残念なことにロシアとウクライナが戦っています。私は、この人形たちと一緒に、一日も早く戦争が終わり、世界中が平和になることを真に願っています。

平戸市未来創造館 COLAS 平戸のエレン・Cちゃん（提供：島原親善人形の会）

平戸幼稚園のエレン・Cちゃんは、当時の園長先生と女の先生が相談して、こっそり物置に隠《かく》され難《なん》を逃れました。「一九二七年四月、米国オハイオ州ウイルミントンの日曜聖書《せいしょ》学校から贈呈《ぞうてい》」と園の沿革誌《えんかくし》に記され、「フレンドシップ・ドール」の商標《しょうひょう》タグがついており、完全な形による保管《ほかん》人形といわれています。幼稚園は令和二年（二〇二〇年）に閉園、そのあとは平戸市未来創造館COLAS《コラス》平戸で展示されています。

大分県の青い目の人形大使

大分県《おおいた》には一八二体の人形が配布され、そのうち五体が生き残っており、九州ではもっとも生存率《せいぞんりつ》が高い県です。どのようにして人形たちは、生き残ることができたのでしょう。

生き残った五体のうち二体は、日田《ひた》市の三隈幼稚園《みくまようちえん》に保存《ほぞん》されているとのことでした。さっそく三隈幼稚園に電話をすると、明るくさわやかな声で電話口に出られたのは梶原《かじわら》すえ子先生でした。すぐに園長先生と相談《そうだん》してくださった結果《けっか》、「六月二十一日午後一時に、お待ちしています」と快《こころよ》くお返事をいただきました。

くまさん文庫のメンバー四名で高速大分道で日田へ。今回はお天気もよく、約一時間後の十一時に日田に到着《とうちゃく》。時間に余裕《よゆう》があったので、ＪＲ日田駅前の広場にある「進撃《しんげき》の巨人」の像を見学。『進撃の巨人』は、くまさん文庫の子どもたちにも大変人気があり、全巻そろえています。作者の諫山創《いさやまはじめ》氏は日田出身で、看板《かんばん》も賑《にぎ》やかに飾《かざ》られ、銅像も立派《りっぱ》で、人気のほどを実感しました。

日田名物のアユが旬《しゅん》なので、ランチに塩焼きなどを美味《おい》しくいただき、三隈幼稚園に向かいました。

十二時五十分に園に着くと、子どもたちが帰宅《きたく》の準備中《じゅんびちゅう》だったのか、入口の下駄箱《げたばこ》のまわりから「こんにちは」と元気な声で迎《むか》えてくれ、うれしい気持ちになりました。

笑顔《えがお》の梶原先生に案内され二階の応接間に入ると、冷房が効《き》いた広くて明るい部屋に、冷たいお茶と資料が四人分キチンと並べられていました。

左の壁際《かべぎわ》には、身長三十センチくらいのかわいいお人形が二体、「お待ちしていました！」という雰囲気《ふんいき》で待っていてくれ、体が熱くなりました。会員のひとりが「かわいいかねえ、今まで会った人形の内でいちばん小さかね」と言います。その言葉を聞いて私は、二体が対《つい》になって配られたのではないかな、と思いました。一か所に二体の人形が配られた例は、ほか

三隈幼稚園のモニカちゃんとキャロリーちゃん、茶箱

には見当たりません。そのお人形の脇《わき》には茶箱が置いてありました。

温厚《おんこう》な印象の渕健一園長先生は「何しろ百年ほど前のことなので、はっきりしたことはわかりませんが、先代の園長はお寺の住職《じゅうしょく》で、軍部から処分命令《しょぶんめいれい》があったとき、処分するに忍びず、この茶箱に入れてお寺の土蔵《どぞう》の奥に隠《かく》されたのではないでしょうか」とおっしゃいます。

梶原先生と白い手袋をはめた松川先生が大事そうに人形を示しながら、この茶箱の中に入れられていたのですよ、との説明に、検閲《けんえつ》を逃れるための人形への愛情と、助けるための知恵を感じました。

三隈幼稚園を経営する願正寺《がんしょうじ》の住職・南木昭《みなきあきら》さんが、土蔵の中で木箱に入れられて保管されている二体の人形を偶然《ぐうぜん》見つけられたそうです。

一体の人形にはパスポートも渡航切符《とこうきっぷ》も添《そ》えられていたので、名前もキャロリー・ベッカーちゃんとわかりました。また、アメリカの子どもたち手づくりの布製のアルバムが四冊はいっており、六十四枚の写真が赤やオレンジの布に貼《は》られていました。昭和二年（一九二七年）ごろのアメリカの家族団欒《かぞくだんらん》やクリスマス、子どもたちの遊びの風景などの写真やイラストで、当時のアメリカの生活や子どもたちの様子《ようす》がわかります。アルバムは、人形と一緒に茶箱で大切に保管されていました。

しかしもう一体には、パスポートも渡航切符も何もありませんので、名前がわかりませんでした。そこでギューリック博士の孫《まご》のギューリック三世さんに名前をつけてほしいと依頼《いらい》したところ、「モニカ」と名づけてくださったそうです。

渕園長先生からいただいた資料に、昭和六十年（一九八五年）八月六日の読売新聞がありました。タイトルに大きく「青い目の人形・日田にも二体」とあり、サブタイトルに「園児に囲まれ卒業写真」として写真が掲載《けいさい》されています。昭和二年三月二十六日の卒園記念写真で、三十人の園児に囲《かこ》まれて、キャロリーちゃんが最前列の中央に腰かけていて、それを眺《なが》めていると、この人形のプレゼントを園児たちがどんなに喜《よろこ》び、大切にしていたかが伝わってきます。

この新聞記事は、八月七日から一週間、小倉・井筒屋《いづつや》で開催《かいさい》される「あなたと語り継ぐ――母と子の戦争展」で、日田の二体の人形が山口市の興進小学校《こうしんしょうがっこう》に残されていた二体と一緒に出展されることを伝えていました。

南木昭さんは次のように語っています。

「当時、園長だった父・融《とおる》（故人）は、無類《むるい》の人形好きで、各地の紙人形や土偶《どぐう》などを千点近く集めていました。父は、どんな事情があるにせよ、アメリカの子どもたちから贈られてきた人形を、痛めつける気にはなれなかったのでしょう。

この園児たちの半数は男の子です。この卒園写真に写っている男の子たちが、最も多く戦死しています。人形を贈って親善《しんぜん》を誓《ちか》った日米の子どもたちが、やがて戦場で戦い最も被害を受けているのです。この意味をどうか考えて欲しい。そういう思いから出展を快諾《かいだく》しました」

二体の人形を抱いて、しっかり口を結んでおられる南木昭さんの写真を見ながら、その言葉を受け止めると、胸にグッと迫《せま》ってくるものがありました。

全国の青い目の人形を調べている作家の武田英子さんは、「戦乱の中で耐《た》え、生き延びた人形たちも、会場でお母さんや子どもたちに見てもらって、生き永らえた甲斐《かい》があったのではないでしょうか」とおっしゃっています。

日田市では、今も「天領《てんりょう》おひなまつり」の開催にあわせ、寄贈《きぞう》された当時の歓迎《かんげい》の様子を再現《さいげん》し、平和の大切さを伝えようと実施《じっし》しています。

ベッカーちゃんとモニカちゃんを抱っこした園児二人が、着物姿で人力車《じんりきしゃ》に乗り、着物姿の園児や母親たちと一緒に、JR日田駅から三隈幼稚園までパレードしています。

園長先生は「日田市から平和のメッセージを届けていきたい」と語っておられました。

さて、あとの四体の人形はどこでどのようにして生きているのでしょうか。

大分県の県庁に問い合わせると、津久見《つくみ》市の堅徳《けんとく》小学校と別府《べっぷ》の中央幼稚園にいるのではないか、後の一体については不明とのことでした。

すぐに堅徳小学校に電話をし、出られた女性の方に率直《そっちょく》に「青い目の人形はいますか?」とたずねると「いますよ」との明快《めいかい》な返事に思わず拍手《はくしゅ》。すぐ教頭の山本先生に代わってくださいました。

「今は、夏休み中で、学校にはおりません。図書館にいますので、教育委員会に問い合わせてください」とのこと。

教育委員会で青い目の人形が飾《かざ》られている津久見市民図書館の連絡先を教えていただき、市民図書館に電話をしたところ、紹介《しょうかい》されたのが、津久見市の文化財専門員の山下俊雄《としお》氏でした。山下氏との出会いは幸運でした。青い目の人形について大変造詣《ぞうけい》が深く、ご自身でもかなり研究されている方でした。

「青い目の人形は、平和の友好親善《ゆうこうしんぜん》のお使いですから、大切に保存されていますよ」とのことで、すぐに飛んで行きたい気持ちでいっぱいなのですが、津久見市は遠く、ままなりません。私のそんな気持ちを受け止めて、すぐにたくさんの貴重な資料を送ってくださいました。

その中の一つ「大分県に残る青い目の人形」によると、昭和二年、親善大使として津久見市の堅徳小学校に送られてきたメリーちゃんは、子どもたちの大切な宝物《たからもの》としてひな祭りや学校行事に子どもたちと仲良く参加していました。

ところが昭和十六年に太平洋戦争が始まると、戦意高揚《せんいこうよう》や愛国心《あいこくしん》を高めるために、青い目の人形は敵国の人形として焼却命令《しょうきゃくめいれい》が出されました。ほとんどの人形は、焼かれたり、竹やりの的《まと》にされたりして、処分されていきました。しかしこの人形は、誰《だれ》かにそっとしまい込まれたまま、難《なん》を逃《のが》れたといいます。

戦後三十年あまり経《た》った昭和五十二年、新学期の準備《じゅんび》をするため古い倉庫を片付けているとき、偶然《ぐうぜん》この人形が見つかりました。ホコリを被《かぶ》りすすけた人形は、子どもたちや、おばあさんや先生方の好意《こうい》で、新しい帽子《ぼうし》・洋服・靴《くつ》などに着せ替えられました。今まで着ていた洋服や帽子などは、今も大切に保管されているとのことです。

堅徳小学校のメリーちゃん
（提供：津久見市教育委員会）

その後、メリーちゃんは、日米友情のメッセンジャーとしてアメリカに里帰りをしたり、人形大使として長崎や広島などの人形展に参加したり、「友情と親善の象徴《しょうちょう》」として、また「歴史の証言者《しょうげんしゃ》」として、今も本来の役目を果たしています。そして、令和四年（二〇二二年）三月五日、津久見市の有形文化財となりました。

資料に添えられたメリーちゃんのかわいいビックリしたようなお顔を見ながら、このメリーちゃんは、戦後、九州で発見された、第一号の人形だったということに感動を覚《おぼ》えました。

メリーちゃんのことが昭和五十四年十二月六日、大分合同新聞に報道されると各県で話題となり、これをきっかけに、ひそかにかくまわれていた人形が発見されていったとのことでした。

それにしても、戦争中、誰《だれ》がメリーちゃんを守ったのでしょう。

その答えは、平成二十九年（二〇一七年）十月、「平和授業」で堅徳小学校の全校生徒に平川英治校長先生（当時）がされた講和《こうわ》の中にありました。

平川校長先生は「戦争中、誰がメリーちゃんを守ったのでしょう。敵国の人形を守ったとなれば、大変な罪《つみ》になります。それを覚悟《かくご》で誰がかくまったのか？　ずっと疑問《ぎもん》に思っていました」と話し出されました。

平成二十八年、ひとりのお婆《ばあ》さんが学校に来られました。その当時、九十四歳になる江藤ナルミさんという方でした。茨木《いばらき》県から飛行機で大分に来られたとのこと。「どうしても、もう一度人形に会いたくてやってきました。見納《みおさ》めでしょうが、人形について私が知っていることをお伝えしたいのです」とおっしゃったのです。

そして、歴代《れきだい》の校長先生写真の中から一枚を指さされて「この校長先生です。人形を救ったのは」と。それは、第九代の冨来豊彦校長先生でした。先生は「人形には罪がない」と言って、人形を校長室の戸棚《とだな》の奥に隠《かく》されたのです。当時、江藤ナルミさんは小学校六年生だったそうです。

さらに平川校長先生は次のように続けられます。

やっと謎《なぞ》がとけましたが、戦争が始まったのは昭和十六年十二月八日。人形の処分を言い渡されたのは昭和十八年、終戦は昭和二十年、その間、守り続けた校長先生がほかにもおられるはずです。戦争中の堅徳小学校の校長先生は、十一代の蓬莱輝雄、十二代の内田暹、十三代の綾部喜久間の三名の校長先生たちです。「敵国の人形は処分せよ」との命令を受けたのは内田暹校長先生のときですが、その後この三名の先生方によってメリーちゃんは守られてきたのだと思います、と結ばれています。

メリーちゃんは、その後、多くの人たちに温かく見守られながら、今日に至っています。

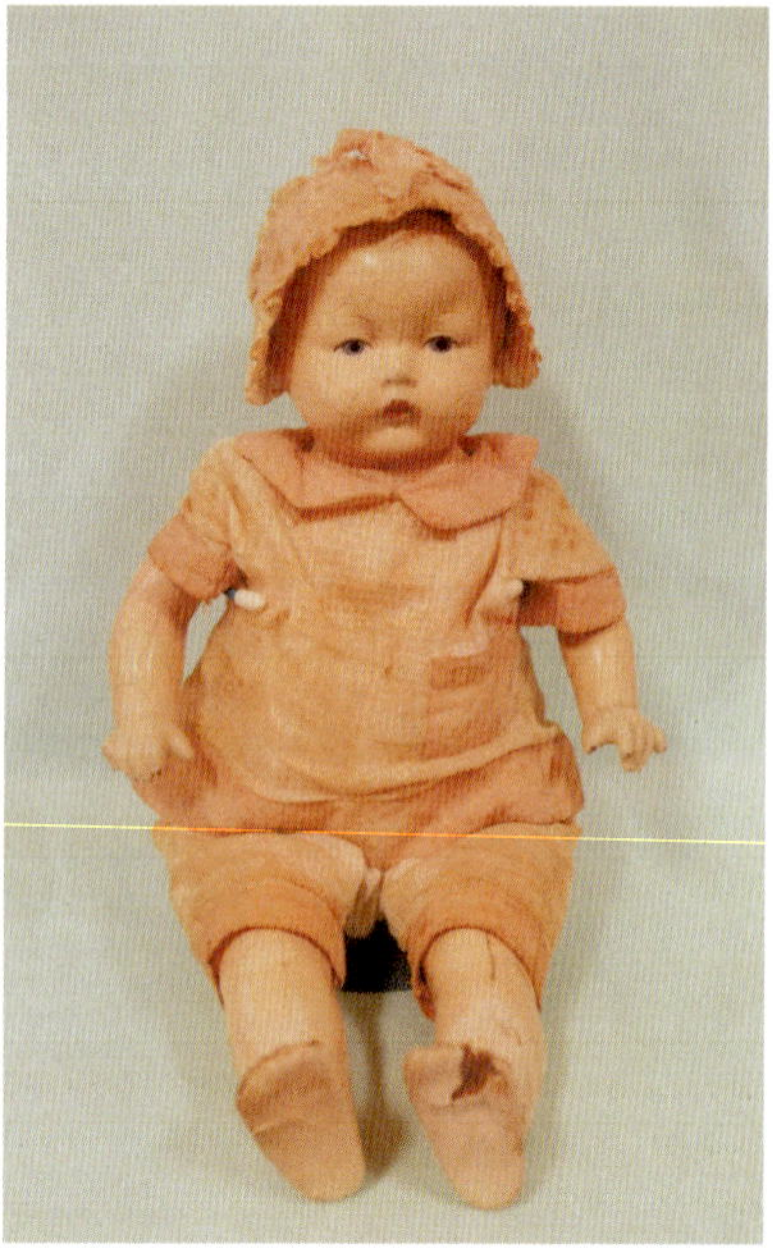

ベテーちゃん（提供：津久見市教育委員会）

山下俊雄氏よりいただいた「大分県に残る青い目の人形」という資料の中に、現存する人形は五体と記されています。

今まで、三隈幼稚園のキャロリー・ベッカーちゃんとモニカちゃん、堅徳小学校のメリーちゃんと紹介してきましたが、後の人形はわかりませんでした。ただ、一体は別府の幼稚園に贈られていることはわかっていますが、幼稚園が閉鎖《へいさ》されており、青い目の人形については不明とのことでした。

ところがこの資料で、人形の名前と写真がわかったのです。嬉《うれ》しい発見でした。別府の幼稚園にいたのは、ベテーちゃん。写真も添付《てんぷ》されていました。キューピーちゃんのようなあどけないお人形です。個人所蔵《しょぞう》となっており、現在所在が不明とのこと。残念ながらそれ以上のことはわかりませんでした。

最後の一体は個人所有で、名前だけはドロシーちゃんとわかっているのですが、所有者が亡くなっておられ、所在不詳《ふしょう》とのことで、残念でした。

山下様はじめ、たくさんの方々のご協力を得て、ここまで調べることができたのは奇跡《きせき》のようです。きっと人形たちが支えてくれたのでしょう。ありがたいことでした。人形たちも喜んでくれていると思います。

熊本県の青い目の人形大使

熊本県には、二四一体が贈られ、宮原《みやはら》小学校のパトリシア・ジェーンちゃんと、鏡《かがみ》小学校のバーバラちゃんの二体が生存していました。

まず、パトリシア・ジェーンちゃんのいる宮原小学校にお電話しました。校長先生が出られて「人形は、確かに校長室に置いてあります。資料と一緒に展示していますが、経年劣化《けいねんれっか》から人形の破損《はそん》を守るため、人形をケースから出してお見せすることはできません。写真は撮っていただいて結構です。夏休み中ですが、八月八日であれば大丈夫です」と言ってくださいました。

令和六年（二〇二四年）八月八日、くまさん文庫の仲間と宮原小学校ある八代《やつしろ》郡氷川《ひかわ》町に向かいました。三十五度を超える猛暑《もうしょ》の中、二時間半ほどのドライブの末、十一時半に到着《とうちゃく》しました。

教頭先生の出迎《でむか》えを受け、校長室に向かいました。人形は、広々とした校長室の棚《たな》の上で資料と一緒にキチンと並んで待っていてくれました。当時のままの立派《りっぱ》な木製のケースに入れられ、大切に保管《ほかん》されています。パトリシア・ジェーンちゃんは、まん丸のかわいいお顔とまん丸の青い目の愛くるしい女の子で、当時のままの洋服におそろいの帽子《ぼうし》を被《かぶ》ってお座りしていました。

宮原小学校では、やはり敵国《てきこく》の人形は処分《しょぶん》せよとのことでしたが、当時の校長先生が「親《しん》善《ぜん》の趣旨《しゅし》を曲げてはいけない」と判断《はんだん》して、目立たぬようにそっと校長室に保管されていたそうです。今も生きた教材として、平和教育に活用されています。

パトリシア・ジェーンちゃんの横に、もう一つ同じようなケースがありました。そこに入っていたのは、金髪のロングヘアーでスポーティな感じでほほえんでいる、バーバラちゃんで

パトリシア・ジェーンちゃん（左）とバーバラちゃん

した。このお人形は、戦後、ギューリック三世さんから贈られたものとのことでした。
この学校は、令和五年度に創立《そうりつ》一五〇周年を迎えた歴史ある学校です。創立二〇〇周年に向け、令和六年度を新たなスタートと位置づけ、何事にも頑張《がんば》ります、と意欲的《いよくてき》でした。宮原小学校は、令和四年、学校情報化優良《ゆうりょう》校となっています。

ふたりの人形をしっかり写真に収《おさ》めて別れを告《つ》げ、鏡小学校に行くことにしました。

すると教頭先生の「鏡小学校はここから近いですよ。七、八分くらいでしょう」との言葉にビックリし「ここは八代郡ですよね。鏡小学校は八代市ですよね。それなのに、そんなに近いのですか？」と不思議《ふしぎ》がる私たちに、教頭先生は暑い中、道路まで出て道順を教えてくださいました。

ご親切に感謝《かんしゃ》しながら、畑や田んぼの中のあぜ道のような道を通っていくと、おかげで迷《まよ》うことなく十分足らずで鏡小学校に到着《とうちゃく》することができました。

鏡小学校のホームページには「青い目の人形」ベティ・ジェーンちゃんについての資料がしっかり掲載《けいさい》されていました。それは、横浜の小学校からの問い合わせに対して六年生の担任である江上芳浩先生が応《こた》えられた内容でした。

ホームページには、資料と一緒に人形の写真も添付《てんぷ》されていましたから、人形に対するある程度の知識《ちしき》はありましたが、学校に関してはほとんど知りませんでした。

この鏡小学校も、宮原小学校と同じように、明治時代に創立《そうりつ》された伝統ある学校でした。ちょうど工事中でどこから入っていいのかわからず、近くのドアを開けると、若い男の先生が出てこられたので、「青い目の人形を見せていただきたいと小郡《おごおり》市から来たものですが、江上芳浩先生はいらっしゃいますか？」とお聞きすると「僕ですが」とのこと。

とんとん拍子《ひょうし》に話は進んで、広い玄関《げんかん》から入ると、その突《つ》き当たりの壁《かべ》に、お人形が両手を広げて待っていて、青い目をパッチリ見開いて見つめてくれました。九十歳《さい》を過《す》ぎているので触《さわ》ることはできませんでしたが、しみじみと眺《なが》めることができました。

そして、そばにはもう一人、新しいお人形が並んでいます。黒いロングヘアーで黒い目、ピ

ベティ・ジェーンちゃん（左）とマリ・アンちゃん

ンクのドレスを着て、横には赤い着替えの洋服が入っています。名前は、マリ・アンとありました。やはりギューリック三世さんから、昭和六十三年（一九八八年）に贈られた人形でした。

ベティ・ジェーンちゃんは、破棄処分《はいきしょぶん》が言い渡されたとき、当時の校長先生や職員たちの「人形には罪《つみ》はない、捨《す》てるには忍《しの》びない。友好親善の使者であるのだから」との優《やさ》しい真心《まごころ》で、戦禍《せんか》を逃《のが》れることができたとのことでした。

平成九年に、ギューリック三世ご夫妻《ふさい》が再来校され、七夕《たなばた》祭りで交歓会《こうかんかい》を開催《かいさい》した折《おり》、子どもたち手づくりのレイを大変喜《よろこ》ばれ、ずっと首《くび》

飾《かざ》りにしておられたそうです。ギューリック博士と渋沢栄一の平和への願いが、このように今でも続いていることに感銘《かんめい》を受けました。

鏡小学校も、令和四年に学校情報化優良校となっています。

宮崎県の青い目の人形大使

宮崎県には一二四体贈られていますが、生存していたのは児湯《こゆ》郡の高鍋《たかなべ》東《ひがし》小学校のメアリーちゃん一体だけでした。

令和六年（二〇二四年）八月九日に学校にお電話したのですが、あいにく閉庁《へいちょう》日になっており、緊急《きんきゅう》の要件のときは、と携帯《けいたい》電話の番号が留守番《るすばん》電話に入っていました。厚かましいと思いましたが、思い切ってお電話しました。

若々しい張《は》りのある声の赤崎教頭先生が対応してくださいました。何とかメアリーちゃんの写真が欲しいと無理《むり》を承知《しょうち》でお願いしたところ、閉庁中ですが……と言われながらも、メー

『青い目の人形大使と渋沢栄一』正誤表

159ページ9－11行目　以下と差し替え

メアリーちゃんは、当時の若い先生が議論の末、自分が焼却処分の係になってそっと宿直室の押し入れに隠して人形の命を守られたそうです。

その先生の短歌

敗戦の追い詰められける惨めさよアメリカ人形焼却命令

敗戦の迫る日なりきこの人形を抱きとっさに廊下駆けにき

このようにして守られたメアリーちゃんは、宿直室の押し入れに隠されたまま（以下同）

161ページ7・8行目　歌2首を削除

ルアドレスを聞かれ、希望の光を感じました。

その翌日「メールを開いてください。贈りましたよ」とのお電話をいただき、うれしくて大急ぎでパソコンを開きました。

画面から、真っ白のドレスを着たメアリーちゃんの、食べてしまいたいような愛らしい姿《すがた》が目に飛び込んできました。なんという、あどけなさでしょう！　写真と一緒に、新聞記事や、人形を受け取った受領証明《じゅりょうしょうめい》などを添付《てんぷ》されており、そのご親切が嬉《うれ》しく深く感謝《かんしゃ》しました。

メアリーちゃん（提供：高鍋東小学校）

新聞記事によると、メアリーちゃんは、当時の若い先生が処分に反対し、議論《ぎろん》の末に保存することになったそうです。宿直室《しゅくちょくしつ》の押入《おしい》れに隠《かく》されたまま行方不明になっていたのですが、昭和五十五年（一九八〇年）、図書室から発見されました。名前がわからなかったので、子どもたちが「メアリー」

と名づけました。

翌年の昭和五十六年から、国際交流と平和を考える催《もよお》しとして、毎年外国の方々を招待《しょうたい》して「人形祭り」というイベントが行われています。そのとき、地域の国際交流員や、外国語指導員《しどういん》が参加し、子どもたちに異文化《いぶんか》理解の大切さを教えているそうです。

会場には、メアリーちゃんはもとより、子どもたちが作った人形なども並べ、劇《げき》や踊《おど》り、楽器の演奏《えんそう》などを通して、国際交流と平和の尊《とうと》さへの理解《りかい》を深めています。

また、県内に唯一現存《ゆいいつげんぞん》するメアリーちゃんは、学校はもちろん、子どもたちの誇《ほこ》りにもなっています。今は、町指定の有形文化財として大切に保管、展示されています。


これで、九州で生き残っている青い目の人形大使の紹介は、十分ではなかったのですが、何とかさせていただきました。先にも述べていたように、鹿児島県と沖縄県には、残念ながら一体も生き残った人形はいませんでした。このことは、今まで人形を追っていた私にとって、深く考えさせられる課題《かだい》でした。

最後に、全国の青い目の人形のうち、私の心に残ったお人形のことを紹介します。

九州外で書き残したい青い目の人形大使

岩手県には、二五三体の人形が贈られ、十四体が生存《せいぞん》していました。その一体が気仙《けせん》小学校のノスマダニエル・ヘンドレンちゃんです。

軍からの命令を受けた校長先生は、菊池先生に焼却《しょうきゃく》の指示を出します。先生は自分でそっと倉庫に隠《かく》し、人形を助けます。そのときの様子や気持ちを先生は歌に詠《よ》んでいます。

敗戦に追《お》い詰《つ》められける惨《みじ》めさよ　『アメリカ人形焼却命令』
敗戦の迫《せま》る日なりき　この人形を抱き　咄嗟《とっさ》に廊下《ろうか》駆《か》けにき

戦後、このヘンドレンちゃんは郷土《きょうど》の宝として学校に保管され、人々に大切にされています。災難《さいなん》を免《まぬが》れた人形たちは「人間として当たり前の感情《かんじょう》と、冷静《れいせい》な知性・勇気《ゆうき》ある行動とが結びついた結果でしょう。気骨《きこつ》のある人たちによって守られました」と長野県教育委員会の人は語っておられます。

宮城県には二一二体の人形が贈られて、生存していたのは八体でした。八体は、それぞれの場所で助けられていました。学校の暗い押入《おしい》れの中、先生の家、お寺の本堂の棚《たな》の後ろなどに隠《かく》され生き延びることができました。

その中には、出てきたとき、戦争中いじめられて髪の毛をむしり取られたり、服を剝《は》ぎ取られ靴《くつ》だけ履《は》いている人形や、頭をへこまされたり、顔を傷《きず》つけられている人形もいました。学校が火事になったとき、「人形が危《あぶ》ない！」と助け出された人形もあったそうです。

一九一五年（大正四年）、ワシントンD・Cのポトマック河畔《かはん》に植えられた友情の「桜」は、巨木の桜並木になり、今も満開の花でアメリカの人々に潤《うるお》いを与え続けています。戦争になったからといって、切り倒《たお》したり枝を折ったりはしませんでした。

アメリカからは「ハナミズキ」が贈られています。日比谷《ひびや》公園に植えられたハナミズキは、敵愾心《てきがいしん》を煽《あお》るため伐採《ばっさい》され、都立園芸《えんげい》高校の原木《げんぼく》だけが残っているそうです。

日本では、人形たちもそうですが、アメリカ原産《げんさん》の木や花の命を奪《うば》い、言葉までも敵国語だと言って使えなくしています。アメリカでは、有用な情報を聞き出すためとはいえ、日本人の捕虜《ほりよ》を大切にして、日本語の勉強を積極的《せっきょくてき》に行っています。この価値観《かちかん》の相違《そうい》はどこからくるのでしょうか。国民性のちがいなのでしょうか。考えさせられる問題です。

韓国の人形たちのその後

内閣開拓局《ないかくかいたくきょく》の資料には、人形たちが来日した当時、日本の植民地《しょくみんち》であった韓国《かんこく》（朝鮮《ちょうせん》）には一九三体、台湾《たいわん》には九十八体、樺太《からふと》には二十体、関東州《かんとうしゅう》へは十体、合計三二一体を配布《はいふ》したとありました。

現在の韓国は、明治四十三年（一九一〇年）の韓国併合《へいごう》により独立《どくりつ》するまで、日本の外地《がいち》で朝鮮地方でした。なかなか手掛《てが》かりがつかめなかったのですが、インターネットで調べた結果、朝鮮へ送られた一九三体のうち、朝鮮の大邱府東雲町《テグトンウン》の大邱公立高等女学校に大正五年（一九一六年）四月、二体の人形が贈られていました。

しかし、残念《ざんねん》ながら女学校は現在「国債報償運動記念公園《こくさいほうしょううんどうきねんこうえん》」になって、学校も人形も現存《げんぞん》していません。日米が戦争を始めたとき、消されたのか、敗戦のゴタゴタのなかで消えたのか、学校が撤去《てっきょ》されたとき消えたのか、学校が存在《そんざい》しないので、探《さが》すことはできないでしょう。

しかし、絵はがきが見つかっています。それには「米国使者人形歓迎《かんげい》　大邱公立高等女学校々友会」と書かれていて、日米の国旗をはさんで、アメリカから贈られた青い目の人形と、日本人形が仲よく並《なら》んで飾《かざ》られています。

大邱高等女学校は、青い目の人形をもらったお礼に、寄付金《きふきん》を集め、答礼《とうれい》人形を贈ることにしました。この人形は朝鮮代表として「ミス朝鮮」という名前で、アメリカの東海岸、コネチカット州子ども博物館に所蔵《しょぞう》されています。

答礼人形は、現在《げんざい》の日本の五十三体と、外地の樺太、台湾、朝鮮、関東州、それに皇室《こうしつ》からいただいた一体を加えて五十八体が送られました。

子ども博物館にはパスポートも表示されています。

名前は「Miss Chosen」（ミス朝鮮）

本籍地《ほんせきち》「Chosenn Japan」（朝鮮　ジャパン）

「ミス朝鮮」は、日米友好施設の朝鮮地方代表として昭和二年（一九二七年）十一月一日に横浜《よこはま》港から米国のサンフランシスコまでの船で出発しました。人形たちは各州を回って展示《てんじ》されたあと、美術館《びじゅつかん》や博物館に贈られることになっていました。「ミス朝鮮」は「ミス神戸《こうべ》」と一緒《いっしょ》に北アメリカ大陸を横断《おうだん》して、東部にあるコネチカット州に到着《とうちゃく》しました。そこで「ミス神戸」と別れ、コネチカット子ども博物館に落ち着きました。

しかし、ギューリック博士《はくし》や渋沢栄一氏たちの日米友好の願いもむなしく、昭和十六年（一九四一年）に戦争が始まりました。答礼人形たちは展示場から撤去《てっきょ》され、倉庫の奥《おく》にしまわれたり、売却《ばいきゃく》されたりで、忘れ去られていきました。

戦後、日米友好の流れの中で、あちこちで隠《かく》されていた人形たちが出てきました。アメリカに贈られていた五十八体の人形のうち四十四体は見つかり、残りの十四体はまだ行方《ゆくえ》がわかっていません。

四十番目に出てきたのが「ミス朝鮮」でした。

人形発見の功労者《こうろうしや》は、ロバート・ハンター氏です。

ハンター氏は、コネチカット州のバートフォードの近くに住んでいました。日本語を学びたいと考えて教師《きようし》を探《さが》していたところ、結婚《けつこん》してアメリカに住んでいた則子《のりこ》・ゴードンさんに出会い、日本語を学ぶことになりました。ゴードンさんが日本語教材で選んだのが、新聞で紹介《しようかい》された答礼人形「ミス神戸」の里帰りのニュースでした。ハンター氏は、日米の人形交換《こうかん》の歴史《れきし》に興味《きようみ》を持ち、調べ始めたのです。

コネチカット州の科学センターに答礼人形が贈られていたことと、子どものころ、日本人形を見たことのある人からの聞き取り調査《ちようさ》で、現存《げんぞん》していることは確実《かくじつ》だと、熱心に博物館に問い合わせをしました。

博物館側は当時のスタッフを探したり、古い所蔵《しよぞう》記録を見たりして、八週間後、地下室の片隅《かたすみ》で箱の中に眠《ねむ》っていた「ミス朝鮮」を、一九九八年（平成十年）に見つけることができました。

人形は、首の付近と足首やすねに少し傷《いた》みはありましたが、大きな損傷《そんしよう》はありませんでした。

た。髪《かみ》はバサバサになり、衣装《いしょう》も色あせているものの、上品な顔立ちと美しさはそのままだ、と則子・ゴードンさんは語っています。

ハンターさん、ゴードンさんら、コネチカット州の方々が修復《しゅうふく》のための募金《ぼきん》活動を行っています。しかし、里帰りができる実家の大邱高等女学校はなくなってしまいました。そこで行き詰《づ》まり、修復運動は中断《ちゅうだん》したまま現在《げんざい》に至《いた》っているようです。チマチョゴリの衣装《いしょう》なら現在の韓国でも歓迎《かんげい》されるでしょうが、着物姿《すがた》の日本人形だと、修復運動が大きく報道《ほうどう》されると、政治的《せいじ》な反発も予想されます。あまり目立たない運動しかできませんが、ハンターさんは、コネチカット子ども博物館でお披露目《ひろめ》展示ができるように、修復運動再開《さいかい》をしていきたいとのことです。

終わりのごあいさつ

シュリーです。

昭和二年（一九二七年）に六歳《さい》でアメリカから海を渡《わた》ってきて、九十七年が過《す》ぎました。だから一〇〇歳を超《こ》えました。

初めて日本に着いたとき、あれほどの大歓迎《だいかんげい》を受けた私《わたし》たちが、それから十四年後にまさか敵国《てきこく》の人形と言われようとは……。私の仲間の青い目の人形たちは、竹やりで突《つ》きさされました。火で焼かれました。石をぶつけられました。水に沈《しず》められました。青い涙《なみだ》をながしながら消されていきました。親善《しんぜん》大使としてやってきたはずの私の仲間の人形たちの、一万体以上が亡《な》くなったのです。

これらの青い目の人形の悲劇《ひげき》の始まりは、満州事変《まんしゅうじへん》。昭和六年九月十八日に起きています。栄一おじいちゃんは、その同じ年の約二か月後、十一月十一日に九十一歳で永眠《えいみん》されました。だから栄一おじいちゃんは、私たちがどんな運命をたどったか知らないで逝《い》かれたと思います。もし知ったらどんなに悲しまれたことでしょう。それでよかったと思います。どうぞ安らかに眠《ねむ》ってください。

アメリカでは、今でもいただいた答礼《とうれい》人形たちは、博物館や美術館などで、大切に保管《ほかん》されているそうです。当時のままの次のようなプレートがつけられて。

「今は戦争をしているけれども、日本人みんなが悪いわけではないのです。この人形は、アメリカと日本の子どもたちの友情のしるしです」

最後まで読んでいただき、ありがとうございました。

参考文献

渋沢秀雄著、土屋喬雄解説『世界伝記全集18　渋沢栄一』ポプラ社、1965年
武田英子『青い目の人形メリーちゃん』小学館、1979年
武田英子『青い目をしたお人形は』太平出版社、1981年
武田英子編『青い目の人形――写真資料集』山口書店、1985年
朝日新聞テーマ談話室編『戦争――血と涙で綴った証言』上下巻、朝日ソノラマ、1987年
山岸達治『渋沢栄一のこころざし』増補改訂版、銀の鈴社、1988年
矢崎節夫『先生のわすれられないピアノ』ポプラ社、1991年
佐野眞一『渋沢家三代』文春新書、1998年
松永照正「あやと青い目の人形――ナガサキで被爆した少女の物語」クリエイティブ21、2003年
是沢博昭『青い目の人形と近代日本――渋沢栄一とLギューリックの夢の行方』世織書房、2010年
『渋沢栄一』歴史をつくった先人たち 日本の100人53号、デアゴスティーニ・ジャパン、2013年
シャーリー・パレントー著、河野万里子訳『青い目の人形物語Ⅰ　平和への願い アメリカ編』岩崎書店、2015年
シャーリー・パレントー著、河野万里子訳『青い目の人形物語Ⅱ　希望の人形 日本編』岩崎書店、201

6年
吉村昭著『夜明けの雷鳴――医師 高松凌雲』文春文庫、2016年
椎窓猛著、内田麟太郎監修『ペッギイちゃんの戦争と平和――青い目の人形物語』梓書院、2017年
西村恭子『青い目の人形　メリーの旅』神戸新聞総合出版センター、2018年
みずま子ども風土記調査研究委員会編『みずま第4集　子ども風土記』一般社団法人鶴陽会　福岡教育大学銅像会城山会三潴支会、2018年
童門冬二『渋沢栄一――人間の礎』集英社文庫、2019年
時空旅人別冊『渋沢栄一――士魂商才を貫いた先駆者』三栄、2021年
『東京青年』別冊、大藤啓矩、東京キリスト教青年会
『高松凌雲の生涯』小郡市
「御原生まれの医傑　高松凌雲先生」御原校区協働のまちづくり協議会・高松凌雲御原顕彰会、2018年

あとがき

私が青い目の人形のことを書きたいと思ったのは、自分の生《お》い立ちにあります。戦争のため、家族と離《はな》れ離《ばな》れになり、両親も妹も知らない私の悲しみが、根っ子にあったからです。

特に、日本人と朝鮮民族《ちようせんみんぞく》、満州《まんしゆう》民族、モンゴル民族、漢《かん》民族が協調《きようちよう》して暮らせる国にするために旧満州に渡り、東洋平和のために命を捧《ささ》げたにもかかわらず、殺された父と、平和を願って海を渡ってきたのに、殺された青い目の人形とが重なったのです。

十年ほど前から「くまさん文庫」を開いている私のもとに、恩師の詩人で教育者の椎窓猛《しいまどたけし》先生から一冊の本が贈られてきました。四角のかわいい絵本、それは『ペッギイちゃんの戦争と平和――青い目の人形物語』。この絵本との出会いが、書き始めるきっかけとなりました。先生は私の家庭環境《かんきよう》もよくご存じでした。

この本を読み進めているうちに衝撃《しようげき》を受け、心が震《ふる》えたのです。

アメリカから「世界の平和は子どもから」と、平和の親善《しんぜん》大使としてやってきた青い目の人形たち。大歓迎を受け、子どもたちに抱っこされたり、一緒に仲よく遊んだりして愛されていました。ところが昭和十八年（一九四三年）、日本に来て十六年が過《す》ぎたころ、青い目の人形たちは、敵国《てきこく》のスパイだ、と殺されていきます。何の罪《つみ》もない人形たちが、なぜ殺されねばならなかったのでしょう。許《ゆる》せない怒《いか》りが心の底から湧《わ》いてきました。

しかし、その中に小さな光を見出しました。贈られてきた一一九七三体のうち、三三七体の人形たちを、軍の命令に従《したが》わずそっと隠《かく》して人形の命を守った人たちがいたのです。感動しました。そのプロセスを書かずにはいられませんでした。

私の住んでいる福岡県内に贈られた二五九体のうち、生き残った三体を追って書き進めました。その過程《かてい》で、心から平和を願った高い志《こころざし》を持った人たちの人間性も、紹介《しょうかい》せずにはおれませんでした。宣教師《せんきょうし》のギューリック博士《はくし》と、日本の資本主義《しほんしゅぎ》の父と言われた渋沢栄一と、少しふるさと自慢《じまん》も入った、赤十字運動の魁《さきがけ》となった高松凌雲《りょううん》の三名の方です。

嬉《うれ》しいことに、生き延《の》びた人形たちは今もそれぞれの学校で、平和の大使として、子どもたちに平和の大切さを伝えながら、大切にされています。このことに明るい希望を見出しています。

「まだ、本はできませんか？　早く出版しないと命がもちませんよ」と言いながら、何かにつけてお便《たよ》りをいただいたり、アドバイスしてくださっていた椎窓《しいまど》先生が一昨年亡くなられて、間に合わなかったことが悔《く》やまれてなりません。

人形を追っての旅は、六年間にわたり、多くの方々のお力添《ぞ》えにより上梓《じょうし》することができました。その最初のきっかけを作っていただき、何かとご助力いただいた井上洋子先生にまずお礼を申し上げたいと思います。そして人形を追っての旅に、手足となって協力してくださった「くまさん文庫」の仲間たち、また、快《こころよ》く取材に応じていただいた各学校の先生方、それから挫《くじ》けそうなとき背中を押していただき、ご教示くださった野﨑千尋様、エッセイ教室や読書会、朗読《ろうどく》部会の仲間の方々など、多くのご協力や励《はげ》ましなどの支えがあっての上梓です。本当にありがとうございました。

そして、ドジでズッコケの私をフォローし辛抱強《しんぼうづよ》くご指導《しどう》していただいた、海鳥社の杉本雅子社長には、感謝とともにお詫びいたします。

終盤《しゅうばん》に入ったころ、思いがけない情報《じょうほう》をいただいたりしました。生き残った人形だけではなく、殺されていった人形のことも書かれた本があるからと。その本のおかげで、内容が深まり、広がりが出たように感じます。

このように、いろんな方々から情報とご協力をいただいたおかげで、何とか書き終えることができました。まだ、もしかしたら、思いがけないところで生き残っている人形がいるかもしれません。もし、そのような情報がありましたら、ぜひご連絡くださいませ。よろしくお願いいたします。

ほんとうに、ほんとうに、ありがとうございました。

熊谷きよ

二〇二四年十一月

熊谷きよ（くまがい・きよ）

1940年、旧満州国新京に生まれる。1943年、2歳半の時に日本に帰国。2012年、おもやい広場「くまさん文庫」を開設。現在、ハテナの会、久留米ユネスコ協会、小郡市郷土史研究会、シニアネット久留米（SNK）、大刀洗平和記念館「朗読部会」の会員。

久留米連合文化賞千字随筆部門「夜香花」(2009年)、「初夢」(2011年)、詩部門「ふるさとの山」(2012年)。

2010年「約束・心のなかで」で九電「女のエッセイ」こころのコトバ大賞（特選）。

2010年「相思華」で北九州文学協会文学賞エッセイ部門大賞。

2014年「帰ってきて欲しかった父」で北九州自分史文学賞佳作。

2021年『野の人　高島野十郎を追って』自費出版。

2022年『帰ってきて欲しかった父』で第25回自費出版文学賞個人誌部門賞。

現在、福岡県小郡市在住。

青《あお》い目《め》の人形大使《にんぎょうたいし》と渋沢栄一《しぶさわえいいち》

■

2024年12月25日　第1刷発行

■

著者 熊谷きよ

■

発行者 杉本雅子

■

発行所　有限会社海鳥社
〒812-0023福岡市博多区奈良屋町13番4号
電話092（272）0120 FAX092（272）0121
http://www.kaichosha-f.co.jp
印刷・製本 九州コンピュータ印刷
［定価は表紙カバーに表示］
ISBN 978-4-86656-174-5